年収500万円からの FIRE 不動産投資

不動産コンサルティングマスター大家

新羅裕一

Yuichi Nira

さきの出版

はじめに
——年収500万円以上であれば、不動産でＦＩＲＥを目指せる！

不動産コンサルティングマスター大家の新羅裕一と申します。
不動産投資によるＦＩＲＥを達成するなかで得た知識やノウハウを、多くの方々にお届けする活動を行っています。

わたし自身、どこにでもいる凡人です。

エリートでもなければ、英語が堪能なわけでも、ＩＴやデジタル、ＤＸに強い人材でもありません。ましてや、何らかのエンジニアといったスキルもありません。

そんなわたしが不動産でＦＩＲＥを達成し、現在は自由な生活を送ることができるようになりました。

本書では、実際にわたしがＦＩＲＥへ向けて実践したことを中心に、具体的な事例も交えて解説しています。

年収５００万円ほどのサラリーマンでも、本書に書かれてある内容に取り組めば、不動産投資でＦＩＲＥができるほど結果がついてきます。

本当はあまり人に教えたくないメソッドですが、本書を手に取ってくださった方にだけ大公開します。

「不動産投資は、年収が高い人や、あり余るほどの資産を持っている人たちが、資産をさらに増やすために行うもの」

と思っている人も多いことでしょう。じつはわたしも、最初はそう思っていました。

わたしがもともと勤めていた不動産業界は収入が不安定で、わたし自身も一般的なサラリーマンの半分程度の固定給に加え、歩合給を加味してようやく平均年収になるレベルでした。

しかも、月によって上下するという状況…。

それでも、会社員だった頃は一定の収入を見込めたので、お金に困ることはそれほどありませんでした。

ところが、いざ独立をすると、自分で仕事をつくり出していかなければなりません。集客に悩んでいるなか、わたし自身の不動産に対する考えやノウハウをお伝えすると、「とてもおもしろい！」といった評価をいただけることに気づきました。

そして、わたしが得たノウハウを実践していただくことで、年収がそれほど高くなくてもＦＩＲＥできるほどのキャッシュフローを得られる人が続出したのです。

本書には、本当に大切な人にだけこっそりと教えたい内容を、ぎゅっと一冊に詰め込みました。キーワードは、「地方都市」と「新築」です。少なくとも現時点では、不動産投資でＦＩＲＥできる唯一の方法であると、自負しています。

ぜひ本書のメソッドを実践し、豊かで自由な人生を送る人が増えることを、心より願っています。

2024年5月　新羅裕一

第2章　FIREの手法

第3章　不動産投資でFIREするための基本的な考え方

第4章　不動産投資でFIREを達成する

第5章 実例で見るFIRE物件

終章　FIRE物件購入者の喜びの声

序章

「FIRE」で得られたもの

不動産業との出合い

管理会社でＰＭ業務や地主さんの資産運用を通じて事業収支を学ぶ

本編へ入る前に、これまでのわたしの歩みとＦＩＲＥへ至った経緯をお伝えします。

不動産との縁は、社会人1年目に宅建（宅地建物取引士）の資格を取得してからです。

当初は大手の不動産管理会社での管理業務や、地主さんを相手にした土地運用の企画コンサルティングなどをしていました。

不動産の管理や企画コンサルティングは、不動産をいかに運用していくかという仕事であり、不動産オーナーの代行者として関係各所を巻き込んでいく業務です。

不動産営業職でありがちな、物件案内をして仲介・販売をするのとは違い、事業収支計画を組んだり融資のアレンジをしたりする、貴重な経験をさせていただいた期間でした。

わたしが不動産投資を意識したのは、40歳の頃です。収益不動産の世界、個人投資家を顧客とした業界で生きていくと心に決め、ノウハウを得ていく過程で、いつかは自分も、という心が芽生えていったのです。

そこで飛び込んだのが、収益物件の最小単位であるワンルームマンションの買取販売業でした。「安く買って、高く売ることで儲ける」が基本の商売です。

毎日エリアを決めて地場の不動産業者を回り、名刺交換をして買いたい物件の内容を説明して、物件情報をもらいます。

そしていい物件があれば仕入れ、仕入れた物件を販売するために不動産会社を回り、客づけをお願いしていました。

とても体力が必要な日々を過ごしましたが、数多くの不動産会社のリストを得て、かつ買主と売主両方の立場を経験できた、貴重な期間だったととらえています。

不動産の地力を身につけた重要事項説明書の作成

次に転職して経験したのが、全国の1棟収益物件を仲介する業務でした。

仲介は売主と買主双方の権利を調整して着地点にまとめ上げていく、とても骨の折れる仕事でした。仲介で学んだことは、お客様のニーズに合わせた提案と、**「重要事項説明書」という物件のすべての内容を網羅した書類**の作成と説明です。

重要事項説明書をつくるための調査は、もっとも不動産の力がつく作業です。

これは「大家の会」などの大家さんたちにはできないことでしょう。

物件を探し出すのも主な仕事であり、1ヵ月に100件以上の物件を確認し、精査を行ったことも、力を身につけるにはとても有効な作業でした。

売主・買主の立場を経験したことと、1棟物件の仲介業務で物件のグリップと融資のアレンジを行った2つの経験が土台となって、自分自身でもいよいよ実践、という流れになっていくのでした。

さまざまな経験を積み、ついに大家さんデビュー

資産を拡大するサラリーマンの姿に衝撃を受けた

1棟収益物件の仲介を行っていた会社を運営していたのは、サラリーマンをメガ大家にする手法を編み出した人がつくった、「サラリーマンの救いの神」のような大家さんコミュニティでした。

そのコミュニティで提唱されている手法に則った物件を出すのが、わたしの仕事だったのです。実際、わたしが紹介した物件を買ったサラリーマンの人たちがどんどん資産を拡大していくのを目の当たりにして、ものすごい世界があることに驚いたものです。

当時はまだFIREではなく「リタイア」と言われていましたが、物件を購入した人のなかには、300億円ほどの資産を築いた人もいるとのことです。

その手法のひとつが、のちほどお伝えする「レバレッジ（てこの原理）」の活用です。**レバレッジを利かせることが不動産投資の醍醐味**であり、こういった金融のしくみやサラリーマンの属性を利用して資産を増やすのが、不動産投資です。

サラリーマンは労働基準法などに守られていることによる信用枠があり、その信用枠や物件の担保力などを活用してどんどん資産を増やしていくのが、不動産投資の基本的な手法なのです。

わたしは常に投資に見合う物件を探し、投資家であるサラリーマンに勧め、その人が物件を買って、またさらに買って…と、驚くほど資産が増えていく様子を目のあたりにしました。

「救いの神」の手法が使えなくなり、試行錯誤

サラリーマンをメガ大家にするその手法は、さまざまな要因で現在では使えなくなっ

てしまいました。

ある時期は有効な手法も、多くの人が不動産投資に参入すればマーケットが変わってしまい、使えなくなるのはよくある話です。

銀行から融資を引き出しにくくなったことも、大きな要因でした。銀行の融資姿勢も、不動産投資には大きな影響を与えるのです。

それ以来、ここ5〜6年は試行錯誤を繰り返しました。ゼロから出発して不動産でFIREするのが、非常に難しい状況になっていたのです。

その後、大家さんコミュニティ関係の不動産会社を退職し、比較的自由な環境を与えてくれた不動産会社に昨年まで勤めていました。

地元で不動産賃貸業をスタート

40歳で不動産投資を意識してから、不動産投資を始めたのは42歳の頃でした。

最初の物件は、意外に思われるかもしれませんが、自宅と賃貸の併用物件でした。

なんとなく当時のわたしのニーズにマッチしていたからです。

もともとわたしの実家が東京都世田谷区で、当時の職場が世田谷区の用賀というところにあったため近隣の物件を探したところ、いい物件が見つかりました。

立地は駅から20分以上でしたが、砧公園という都内有数の公園の近所で、緑があるとてもいい環境です。ファミリー向けの1棟物件で、駐車場が6台分あるものでした。価格は8000万円台で土地は50坪、建物は地下1階付3階建てS造（鉄骨造）です。


世田谷区でありながら格安だったのは、駅から遠いためマイホーム層にはまったく対象とされていなかったからでしょう。

でも、わたしにとっては最高の物件でした。なぜなら、地元で職場に近く、賃貸で回すことができ、一部を自宅にできて経費化できる社宅扱いにし、自らの事務所スペースを兼ねて法人登記ができるなど、いくつもの役割を兼ね備えていたからです。

当時のわたしはライフステージが自宅購入のタイミングでもあったので、「どうせなら、収益物件を買ってしまおう」という一石二鳥を狙った発想から購入を決めました。

結果、一石二鳥どころか三鳥、四鳥となったのです。

融資は、法人で1棟投資を行う事業性の「プロパーローン」を使いました。中古にもかかわらず、28年という長期のローンが組めたのです。

この物件取得を契機として、資産管理法人としてのわたしの不動産賃貸業がスタートしました。

2棟目はキャッシュフローに苦心

2棟目は、最初の物件から1年も経たないうちに購入できました。勢いがあったのでしょう。1棟目の銀行で同じ担当者が融資をつけてくれました。

物件は、築45年のRCでした。前の所有者はわたしの親族で、数人で共有していたのですが、築年数が古くなって修繕費がかさむ状態なうえ空室も多く、適正に管理ができていない状況だったものを、買わせてもらったのです。

価格を割安にしてもらえたので担保力の範囲で購入でき、すぐに政府系金融機関から大規模修繕費として2000万円の借入をし、主だった修繕を行いました。

ほぼフルローンということで資金調達には恵まれたのですが、利回りやキャッシュフローが厳しく、購入後は必死に働いて補填しなければならない、追い込まれた賃貸経営になってしまいました。

なぜフルローンができたのかと言うと、**当時は現在よりも収益物件に対する融資が緩く、かつ銀行・銀行担当者が非常に積極的で優秀だった**からです。

残債のない実家を担保に入れることができたこと、そして親族との交渉で比較的安く買えたことは、とても幸運なことでした。

結果的に、地元である世田谷に2棟取得する状態で、わたしの投資が始まっていきました。

家族や親族の協力なしではわたしの不動産投資はスタートできなかったでしょう。

その後1年以上は新たに買えない状態が続き、次の展開が訪れたのは2018年のことでした。ここで、わたしが現在主戦場としている「新築のアパート」に取り組んでいくことになります。

エース物件となった「新築アパート」

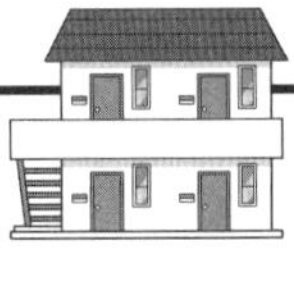

最高の形で資金繰りをクリアし、手応えを感じた物件を取得

3棟目は、わたしの法人で現在「エース」になっている物件であり、仲介の仕事で知り合った業者さんからご紹介いただいた新築企画でした。

場所は某県の中核都市で、市の積極的な産業推進計画によって工業団地への誘致に成功し、製品の出荷数が伸びている地域です。物件は役所の近くで、商業施設が集まっている中心部にあります。

立地は申し分なく、その業者さんのアパートシリーズは非常に品質がいいので、「これは、絶対にいける！」という手応えを感じたのです。

問題は、資金繰りでした。当時、不動産の大家さんや不動産投資を始めたい人たちに向けた、定期的な勉強会の参加メンバーの高校の同級生が、その地域の銀行の支店にいるということで、話をつないでくれました。

そして運よく取り扱ってくれることになり、9割の融資で買える運びとなったのです。どこに幸運の縁が転がっているかわかりませんね。

融資の問題を最高の形でクリアでき、その後の運用も好調でした。竣工前に募集をかけたところ、満室の予約待ちになり、数年に1室退去があってもすぐ埋まる状況が続いています。現在6年目を迎えていますが、大家としてほぼ放置状態で、何もすることがありません。新築なので、税金と管理費以外は経費がまったくかからず、安心感を噛みしめています。

この物件は現在でもエースとして稼働しており、本書でお伝えするＦＩＲＥ理論のベースとなりました。「このような物件を探し当てれば、ＦＩＲＥ物件になる！」という確信を得ただけでなく、わたし自身の生活面、コンサルティング面での大きな武器である、まさに「エース資産」となっているのです。

自分の経験やノウハウをお客様へ伝えたい、と思うようになった

10～15年ほど前に一世を風靡した手法は、地方の中古RC物件を銀行に積算評価という方法で高い担保評価をしてもらい、融資を最大限引き出すものでした。ところが時代背景の変化により、それに適する物件がなくなってしまいました。そこで、**模索するなかから出てきたのが、「1億円弱の、地方の新築1棟アパート」**なのです。

わたしも10年ほど前から、お客様にいい物件を買ってもらうなかで大きく成長できたのですが、次のステップとして、わたし自身の経験やノウハウを自分に使いたい、と思うようになりました。もちろん、自分も儲けたいと思ったのも理由のひとつですが、自分自身が成功することで信憑性が増すだろう、という想いもあります。やはり、人に勧めるからには自分がやらなければ、と思ってのことです。

そしてスタートしたのが、5年ほど前に購入した、現在はエース物件となっているその新築の1棟アパートでした。

エース物件の再現性ある成功を、お客様へ提供中

そのエース物件は、かつて高積算で一世を風靡した地方の中古ＲＣ物件と同じくらい、もしくはそれ以上の威力を発揮しています。「現在は」それがいいとわかり、再現性のある手法としてお客様に提案しているところです。

もっとも、**投資用不動産のトレンドは時代背景や銀行の融資姿勢によって変わる**ので、常に分析や実践を怠らず、お客様に最善のものを提供したいと考えています。

新築の収益物件の提案を始めてから感じているのは、「間違いなくいいけれども、『地方』で行うのは融資のハードルがとても高いな」ということです。地域の物件の需給を判断するのは簡単ではなく、当たれば大きいのですが、その「当たりくじ」をどう組成し、融資をいかに引くのかは、本書で伝えるのが難しい部分もあります。

本書でお伝えしたいのは、ＦＩＲＥの早期達成には不動産投資がおすすめなこと、不動産投資に対する考え方を深めてほしいことです。わたしの考えに賛同していただき、今後のご縁につながれば、お互いにとって素敵なことではないでしょうか。

FIREできる状況になって思うこと

いつでもFIREできる状態になり、精神的な余裕が増した

ここで、わたし自身がどんな生活をしているのか、近況をお伝えします。

まず、資産管理法人から受け取る役員報酬をずっと低く抑えています。不動産の賃貸収入は法人に内部留保として純資産に組み込み、ほぼ取り崩していません。

でも、**並み居る高属性のサラリーマンの人たちと遜色ない物件を所有し、そして条件のいい融資を引き出して、物件を増やしているので、不動産投資を知る人から見れば摩訶不思議な状態**です。昨年は一気に2棟建てて、わたし自身がＦＩＲＥできる状況になっています。

実際にお客様と面談を重ねると、

「新羅さんの言っていることは、とても腑に落ちます！」

と言っていただけます（お客様の体験談は、終章で紹介しています）。

わたしがお伝えしたいことのひとつに、

「属性に頼らなくても大丈夫」

というものがあります。それは、現在の、そしてこれからのわたしを見てもらえばわかるのではないでしょうか。


わたしはいつでもＦＩＲＥをして悠々自適に過ごせる状態ですが、まだまだ休みたい年齢ではありません。もっと多くの人たちと関わっていきたいので、マインドは「ＦＩＲＥをしていない人」とあまり変わらないのかもしれません。

ただ、好きなときにどこかへ行くことができるので、その点は少し違うのでしょう。

サラリーマンの頃と働く量は変わっていないのですが、精神的に大きな余裕を持てていることは間違いありません。

第1章

なぜ「FIRE」なのか

FIREとは

FIREは経済的に自立し、早期に退職できる状態になること

本書をお読みの方であれば、「FIRE」という言葉をすでにご存じのはずですが、確認も兼ねて改めて説明します。

FIREは"Financial Independence, Retire Early"の略で、「経済的に自立して、早期に退職すること」を意味するものです。投資や貯蓄などの資産形成によって会社などにしがみつかなくても生活できるようになり（経済的自立）、早期に退職できる状態を目指す考え方です。

早期退職と言うと、一般の企業で行われる「早期退職制度（定年前に企業が退職を希望する社員を募集し、自主的に退職する制度。退職希望者は退職金の割増しなどの優遇措置が受けられる）」と混同されがちですが、両者は大きく異なります。

早期退職制度による退職とFIREとの違いは、退職後の生活資金を確保する方法にあります。

前者（通常の早期退職）では、退職後の生活資金を退職金や貯めてきた貯蓄などで確保し、基本的にこの資金を取り崩しながら生活することになります。

一方でFIREにおける退職の生活資金は、資産運用で確保します。つまり、**働きながら資産形成を行い、退職後は投資による不労所得で生活していくことが、FIREの考え方**なのです。

FIREは大きな注目を集めている

通常の早期退職が貯蓄を切り崩していくだけなのに対し、FIREでは資産運用益を見込んでいるため、退職後の生活水準が同じであるなら、ＦＩＲＥのほうが退職までに確保すべき資金は少なくて済みます。

たとえば、50歳で早期退職して月々20万円の生活費で１００歳まで生きる場合、運用をまったく行わなかったら退職時に必要な金額は１億２０００万円です（20万円×12ヵ月×50年）。

一方で、退職時の貯蓄を年４％で運用するとした場合、６０００万円あれば毎年２４０万円の生活費を、貯蓄を取り崩すことなく確保し続けることができるのです（税金は考慮していません）。

若いうちにその後の人生を過ごすために必要な資産形成を済ませ、自由な生き方を獲得することを目指す新しいライフスタイルであるＦＩＲＥは、多様な価値観が広がっている現在、大きな注目を集めていることを改めて認識しましょう。

大きな注目を集めている「FIRE」とは

＜FIRE＞
資産運用で確保

↓

退職後も、
投資による
不労所得で生活する

投資や資産形成により、
経済的自立を実現し、
早期退職できる状態を目指す考え方

自由な生き方を獲得することを目指す新しいライフスタイル

ＦＩＲＥが注目されるようになった背景

働く意識の変化により、日本でもＦＩＲＥにスポットが当たっている

ＦＩＲＥという言葉は、２０１４年のダボス会議（正式名称「世界経済フォーラム」）でＦＩＲＥが言及されたことで、ミレニアル世代の若者の間で火がつきました。この動きは「ＦＩＲＥムーブメント」と呼ばれ、アメリカを中心にその動きが注目されています。

日本でもＦＩＲＥにスポットが当たりつつありますが、働くことへの意識の変化や「より自分らしく生きたい人」が増えていることが要因なのでしょう。

これまでは会社員として定年まで勤め、我慢し続けることと引き替えに昇給や出世といった成果を獲得することができました。でも、複業の解禁やテレワークの拡大などによって、ワーケーションやパラレルワーカーといった、さまざまな働き方が生まれています。ＦＩＲＥも、その新しい生き方、働き方のひとつと言えるでしょう。

人生１００年時代と言われる日本で生きるには、長期的な人生設計が必要です。**仕事を卒業する人の多い65歳に向かってただ走り続けるのではなく、早めに次の人生に向かいたい人には、ＦＩＲＥは最良の選択肢**かもしれません。

また、家族などの大切な人たちとの時間を犠牲にして、65歳まで働き続けることが本当に正しい選択なのかを問い直し、お金や時間の価値を再定義して自分らしく生きようとする人が、ＦＩＲＥを考えているのです。

FIREとセミFIRE

セミFIREのほうがハードルは低い

ＦＩＲＥについて、いろいろな書籍でさまざまな定義がされていますが、本書ではオーソドックスな「ＦＩＲＥ」と「セミＦＩＲＥ」について解説します。

ＦＩＲＥは不労所得だけで生活するものであり、セミＦＩＲＥは不労所得とある程度の労働収入で生活するものです。どちらも不労所得を生む資産が欠かせません。

つまり、どのように、どれくらいの期間でＦＩＲＥするための資産を構築するかが、大きなポイントと言えるでしょう。

セミＦＩＲＥのほうがＦＩＲＥよりもハードルが低いのは、間違いありません。

なぜなら、不労所得だけで暮らすにはそれだけたくさんの資産が必要であり、準備を終えるまでに、相応の時間が必要になるからです。また、何らかの資産運用を行うにしても、多くの元手を投入する必要があります。

ですから、昨今では「セミFIREを目指そう」といった論調も少なくありません。なぜなら、セミFIREならより少ない資産で達成が可能だからです。

FIREという生き方を知り、自分で選択しよう

わたしは、FIREとセミFIREのどちらがいい、と決める必要はないと考えています。**大切なのは、FIREという生き方、働き方があることを知り、無理のない形で準備をすること**です。本書を参考に、あなたなりのFIREを考えましょう。

FIREの目安は現在の年収と同じくらいの不労所得が得られる状態、セミFIREは年収の半分くらいが目安でしょう。

たとえば年収1000万円の人が500万円ほどの不労所得を得ることで、「半分ほどの下支えがある」と思えれば、ストレスなく働けるはずです。

高収入な人ほどＦＩＲＥを目指そう

普通に働いているだけではデメリットが大きい

本書をご覧の方々のなかには、年収１０００万円を超えている人も多いのではないでしょうか。年収の高い人たちは、それだけ責任の大きな仕事を抱え、日々懸命に取り組んでいることと思います。

ただ、**年収が高ければ高いほど、一切投資をせず普通に働いているだけではデメリットが大きい**ことを知っておきましょう。

ずっと丈夫であればいいのですが、人間の身体が年齢とともに衰えていくのは当然の話です。また、記憶力や頭の回転も年齢とともに低下するのが通常なので、仕事の能力も徐々に陳腐化していくことも考えられます。

フレッシュで頭の柔軟な若者はどんどん出てきますし、仕事のスピードも遅くなり、労働収入がどこかで頭打ちになるかもしれません。もちろん、仕事によっては経験値でカバーできますが、いずれにしても、どこかで資産収入へシフトするべきタイミングが来るはずです。

少なくとも、80歳を過ぎても現在と同じペースで働くことは、考えにくいのではないでしょうか。**一定のお金が流れてくるうちに、ダムをつくったり水田に流し込んだりして、キャッシュフローを産んでくれる資産を形成するべき**なのです。

「収入の複線化」でリスクへの対応力を高めよう

年金をはじめとした老後の不安は、多かれ少なかれ誰でも持っているでしょう。自身の頭や身体を駆使する労働で給料をもらっているうちはいいのですが、働けなくなったときにどうなるか、という不安を一度は持ったことがあるはずです。

実際、急に働けなくなった場合、現在の暮らしを保つことはできますか？

とくに高収入でリッチな暮らしをしている人ほど、働けなくなったときの落差が大きいのではないでしょうか。

このデメリットを避けるには、**「収入の複線化」をとることが有効**です。

じつはわたしも、病気入院し、まったく稼げない時期がありました。でも、そのときはすでに不動産の賃貸収入があったので、生活に支障はありませんでした。

もちろんこのようなときには、医療保険で入院費や手術代などを賄うことができます。

ただ、不労所得を得ることで、もっとリスクへの対応力が増すはずです。

低収入・低属性な人にもチャンスはある

もちろん、高収入の人はすぐにでも不動産投資を始めたほうがいいでしょう。

一方、年収がそこまで高くない人も、簡単に諦めないでください。以前のわたしのような**低収入・低属性サラリーマンであっても、物件の目利き力を養い、優良な情報をつかんでいけば、それなりのチャンスがある**からです。

たとえばわたしの場合は、古くなった実家を担保にして融資の不足分を補い、1棟目を取得しました。低属性だったわたしの投資戦略は、いわば「担保力一本足打法」だったと言えるでしょう。お客様でパートの主婦の方がいましたが、その方は旦那様の名義や親御様の資金協力を得て、1棟のアパートを取得できました。

誰でも必死になって最善を尽くせば、自然と協力者があらわれて何とかなるものです。脱サラして飲食店などの事業を興すときに、親族から出資などを得るのと同じことです。実際に、そのような例をわたしはいくつも見てきました。

ただし、高収入で金融資産が潤沢な人ほど有利なのは間違いありません。少しでも余裕がある人が謙虚に学び、スキルを実践すれば、まさに鬼に金棒、高い確率で成功できるのが不動産投資なので、ぜひトライしてみてください。

高収入の人がFIREを目指す理由

高収入の人が普通に働いているだけでは
いずれデメリットになる！

・加齢による身体の衰え
・記憶力や頭の回転の低下

↓

労働収入はいずれ頭打ちになる

どこかで資産収入へシフトする
タイミングがくる

高収入で金融資産が潤沢な人が有利

すぐにでも
不動産投資を始めるのがおすすめ！

第2章

FIREの手法

年代ごとの不動産ＦＩＲＥの目指し方

年代によってＦＩＲＥへの取り組み方はさまざま

本書をご覧の方々は、年代はまちまちながらも現役世代で、30～50代の人が多いでしょうか。

現役世代でも、それぞれの年代によって社内のポジションや求められる仕事が異なり、ＦＩＲＥに向けた取り組みも違ってくるでしょう。

本項では、これまでわたしがさまざまな人たちと関わってきたなかで感じた、年代とＦＩＲＥとの関係についてお話しします。

もちろん人の数だけ人生があるものなので、あくまでも参考程度にして、あなたなりのFIREを考える機会にしてください。

30～50代のFIREのポイント

まず30代は、会社員としてもっとも成長しなければならない時期です。わたしが30代の人にコンサルティングする際は、まずは仕事をがんばってもらいつつ、先々のFIREを一緒に考えていきます。

この時期に優先すべきは本業でますます稼げるようになることであり、稼げなければ時間がかかってしまうでしょう。

50代は、社会人になってからの数十年、どれだけの資産を築いてきたのかがポイントになります。すでに5000万円ほどの貯蓄があれば、FIREに向けたプランニングがしやすいと言えます。

30代と50代の中間である40代は、管理者として社内のマネジメントを行うことが多い時期です。一方で、子どもの教育費などの出費が多い時期なので、まずはセミFI

REを目指してどのようにプランニングするかがポイントではないでしょうか。

年代ごとにFIREへの意識は異なる

実際にFIREしたいと希望している人が多い年代は50代です。むしろ50代の人たちの多くは、「すぐにでもFIREしたい」と思っているように感じます。

40代は、「まずはセミFIREを目指し、本格的なFIREに向けた地盤を固めたい」と考えている傾向があります。

そして30代の人たちは、「まだまだバリバリ働くけれど、将来のためにいまから基盤を築いていこう」と考えているように思えます。そして、50代になったときに豊かな暮らしを送っていたい、とイメージをしているのではないでしょうか。

まだリスク耐性があるので、どんどん攻めていきたい、というマインドを持っている傾向があるのも、30代の特徴と言えます。

繰り返しになりますが、**これを機会にあなたの仕事と人生を考えてみませんか**。

年代ごとのFIREに向けた取り組み

年代	取り組み
30代	**本業優先** 本業を優先しながらも、資産運用を開始
40代	**セミFIREを目指してみる** 管理者など責任のあるポジション一方で、子どもの教育費など出費が多い
50代	**FIREに向けてプランニング** 5,000万円の貯蓄があればプランニングがしやすい

↓

これを機会に
仕事と人生を考えてみましょう

金融商品によるＦＩＲＥ

基本的な手法は２つ

さまざまな書籍やネット情報を見ると、金融商品を活用してＦＩＲＥを達成する方法が多く語られています。

金融商品とひと言で言っても、株式や債券、投資信託、保険商品やビットコインなどとても多岐にわたり、国内・海外のものも合わせると、その種類は本当に膨大です。

具体的な金融商品を語るのはほかの書籍などにお任せするとして、基本的な手法は次のものに集約されるでしょう。

①手元にある預貯金を高い利回りで複利運用する
②毎月の収入から一定額を金融商品に回し、高い利回りで複利運用する

このように、ポイントは「高い利回り」です。

低金利が続いているなかで高い利回りを得るには、銀行預金では不可能なので、値動きをともなう株や外貨などの「リスク資産」を活用することになります。

このリスク資産を活用して、第1章でお伝えした6000万円（4％で運用し、月20万円＝年240万円を得ていくための元本）を何年でつくれるか、シミュレーションしてみましょう。

金融商品でFIREするには金融商品の選定がポイント

前提条件として、毎月の収入からがんばって毎月10万円（年120万円）をリスク資産に回すとします。

その場合に活用するのが、「年金終価係数」です。

年金終価係数は、ファイナンシャルプランニングで活用されるもので、毎年一定額を積み立てていく場合の将来の積立総額（元利合計）が計算できます。

毎年120万円を積み立てて、6000万円にするには…。

①年利4％で複利運用…120万円×49・968＝約5996万円
（毎年積立額120万円、年利4％、28年の年金終価係数：49・968）

②年利5％で複利運用…120万円×51・113＝約6134万円
（毎年積立額120万円、年利5％、26年の年金終価係数：51・113）

③年利6％で複利運用…120万円×50・816＝約6098万円
（毎年積立額120万円、年利6％、24年の年金終価係数：50・816）

このように、25年前後かかるものと考えたほうがいいでしょう。

収入によりますが、毎月10万円を積み立てるのは、決して楽ではないかもしれません。とくに若い人の場合、子どもの教育費などで、安定的に積み立てるのが難しい時期もあるのではないでしょうか。

また、年利５％や６％での資産運用ですが、わたしたちの年金を支給するために運用を行っているＧＰＩＦ（年金積立金管理運用独立行政法人）の２００１年度〜２０２２年度までの年平均利回りが３・60％であることを考えると、決して簡単なものでないことは明白です。

もちろん、これは金融商品に回せる預金がゼロのときの話です。預貯金を金融商品に回すなら、もう少しＦＩＲＥまでの期間を短くできるかもしれません。

いずれにしても、**金融商品でＦＩＲＥを達成するには相応の金額を投入し、長い期間をかけつつ、慎重に金融商品を選ぶ必要がある**ことを、知っておきましょう。

不動産投資によるＦＩＲＥ、セミＦＩＲＥ

「レバレッジ」が不動産投資によるＦＩＲＥに向けた利点

金融商品ではなく、不動産投資でＦＩＲＥを目指す場合はどうなるでしょうか？

もちろん不動産、とくに土地は価格変動があるので、リスク資産のひとつです。ただ、第3章で説明しますが、**不動産投資によるＦＩＲＥを目指すときの大切なポイントは、不動産が値上がりするかどうかではなく、賃料収入（インカムゲイン）を得ること**です。つまり、いい物件を所有し、賃料が手取り収入に変わるのであれば、ＦＩＲＥの可能性は広がるでしょう。

不動産でＦＩＲＥを目指す最大の利点は、「レバレッジ」に尽きます。

レバレッジとは「てこの原理」のことで、「少ない自己資金でより大きな利益を得ること」を指します。

株式投資なら、100万円分の株を買って運用することになりますが、不動産投資は自己資金100万円を利用し、900万円を銀行から借りて、合計1000万円を運用することができるのです。

利回りが同じ5%なら、100万円を運用すれば5万円の利益になりますが、1000万円を運用できれば50万円の利益を得ることができます。同じ自己資金で、利益を10倍に拡大することができるのは、とても有利なことではないでしょうか。

投資用不動産を購入する際の借入は住宅ローンとは違う

この話をすると、銀行からお金を借りる＝借金だから、怖い、と感じる人も多いでしょう。「もし借入金を返済できないと、大変なことになる…」と思ってしまいがちですが、それは「住宅ローン」のイメージが頭のなかにあるからです。

ご自身が住む住宅を買うための借金＝住宅ローンは、お金を借りた人が稼いだお金、たとえば給料から元本と利息を返済します。

一方で、投資用不動産はどうでしょうか？　経営者の方ならおわかりと思いますが、そもそも貸借対照表（B／S）で考えれば、負債である借入金の反対側に、固定資産である不動産が存在するので、ただ資産に変わっているだけです。

つまり、**銀行から1億円を借りても1億円の資産が手に入るだけなので、決して怖いことはありません**。しかも、この固定資産は収益を生み出してくれるものです。収益の原資は何かと言えば、その物件を貸している賃借人であり、不動産を買った人の給料ではないのです。

不動産投資をしたことのない人たちは、投資物件を購入するためのローンを住宅ローンと混同し、1億円の借金を背負った感覚に陥ってしまいます。

ところが、投資用不動産を買っている人たちは、

「1億円を借りたことで、1億円の収益資産を買えた」

というイメージを持ちます。極端な話をすると、所有する物件が増えて10億円を借りたら、「10億円をもらった」という感覚にまでなるのです。

ＦＩＲＥに最適なのは不動産投資

10億円の資産を買えたということは、10億円が5億円の土地＋5億円の建物（償却資産）に変わっただけです。ほかにも、償却資産である建物は、キャッシュの出ない費用である減価償却費を計上できる、というメリットもあります。

ただ、大事なのは、自己資金が少ないうちでも「レバレッジ」を効かせることで、大きな「ＦＩＲＥ用資産」を持てることではないでしょうか。

もちろん、どんな物件でもいいわけではなく、しっかりとキャッシュフローを生んでくれる収益物件を手に入れる必要があります。

また、さすがに手元資金がゼロでは難しく、さらに銀行からうまく融資を引き出さなければなりません。

もちろん手元資金などの条件はありますが、**いい物件に出合い、銀行の融資を順調に引き出せれば、わたしの経験則では3年でセミＦＩＲＥが可能**です。これが、わたしが「ＦＩＲＥには不動産投資が最適」と考える、最大の理由なのです。

FIRE、セミFIREに必要な不労所得はいくら？

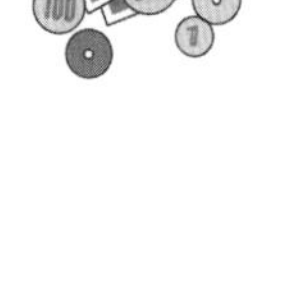

FIREの基準は一人ひとり異なる

「不動産投資をうまく活用すれば、最短3年でFIREが可能」とすでにお伝えしましたが、言うだけなら誰でもできますね。

やはり、不動産投資でセミFIRE、FIREへ向かうイメージが必要です。

その場合、まず「どうなったら早期リタイアできるか」というFIREの基準は一人ひとり異なるので、基準をどこに置くかは簡単なことではありません。

ここでお伝えしたいのは、「理想の年収」に対するわたしの考え方です。

理想の年収はいくら？

2015年にノーベル経済学賞を受賞した、アメリカのニュージャージー州プリンストン大学のアンガス・ディートン教授は、年収と幸福度の関係について興味深い研究結果を発表しています。

この研究によれば、**年収400万円から500万円、600万円と上がっていけば、幸福度も上がっていくものの、800万円を超えると幸福度はほとんど変わらなくなるとのことでした。**

むしろ5000万円を超えていくと幸福度は逆に下がっていく、という結果も出ているそうです。

この研究結果は、何を物語っているのでしょうか？

年収が、幸福のバロメーターであることは間違いありません。あまりにも低ければ満足できないため、ある程度までは年収と幸福度の上昇は相関関係があるのですが、一定の額を超えると、ストレスなどのさまざまな負の要素が増えていくのではないでしょうか。

あくまでわたしの想像ですが、「この収入が減ったらどうしよう」「家族が相続でもめないか？」といったものが、幸福度を下げるのかもしれません。

この考え方を、ＦＩＲＥに当てはめてみましょう。

わたしの考えは、子どもひとりなら年間概ね８００万円、２人なら１０００万円程度の手取り額が、幸福度が満たされるＦＩＲＥの基準ではないか、というものです。

もちろん、５０００万円や1億円の不労所得を得られなければ自分はＦＩＲＥしない、と考えるのは個人の価値観なので、わたしが何か言うつもりはありません。

独身なのか、子どもが1～2人いるのか、ＤＩＮＫｓ（Double Income No Kids：子どもを持たない夫婦）で過ごしていくのかによっても異なるでしょう。

でも、資産から得られる不労所得がこれくらいあるのなら、うれしいと感じる人は多いのではないでしょうか。

年間の手取り1000～1200万円がFIREの基準

不労所得による年間の手取り1000～1200万円がFIREの基準であり、セミFIREなら700～800万円が基準となります。

これだけの不労所得があれば、急な病気やケガで仕事を長期間休んだり退職したりしても、会社員ならば傷病手当も含めて、最低限の収入を確保できるでしょう。充電期間を過ごし、仕事に復帰すればいいのです。

お勤めの会社が残念ながらブラックだったとしても、しがみつかなければ生活できないような状態ではありません。「嫌だったらやめればいい」と自信を持って生活できるのが、セミFIREという選択肢なのです。

このわたしの考えに賛同していただけた前提で、次の項で不動産FIREに向けたロードマップをお伝えします。

不動産投資でセミＦＩＲＥを3年で達成する

1億円ほどの物件を3棟持てばセミＦＩＲＥを達成できる

前の項でお伝えした通り、ＦＩＲＥを達成すれば年間１０００～１２００万円の不労所得で悠々自適な生活が可能です。

また、セミＦＩＲＥを達成すれば、仕事で自活できる程度の稼ぎがありつつ、資産から入ってくる不労所得の７００～８００万円が余剰金となります。この状態をつくれれば、安心を得られるだけではなく、資産が増える速度も急上昇するはずです。

それでは、どのようなロードマップでセミＦＩＲＥ、ＦＩＲＥが実現するのでしょうか？

わたしが考える不動産投資で年間の手取り額1200万円（FIRE）をゴールにするのなら、資産規模として5億円ほどの投資用不動産を所有すれば十分可能です。

セミFIREなら、その約半分の資産規模2～3億円で達成可能であり、わたしが提唱する条件の物件を3棟持てばいいのです。

わたしが提唱する物件は、取得金額（投資元本）が6000万円～1億円前後の物件で、1億円あたり年200～300万円程度のキャッシュフローを生み出すものです。ですから、**1億円程度の物件を5棟ほど持つことができれば、多少低く見積もってもFIREを達成できる**でしょう。

セミFIREに必要な家賃収入は2000万円程度

投資用不動産から入る不労所得1000～1200万円（FIRE基準）は、その名の通り「所得」であり、「額面」ではありません。正確には、所得ではなく「キャッシュフロー」と言ったほうがいいのかもしれません。

キャッシュフローは「額面収入－現金による出費」であり、現金による出費は借入金の返済や所得税、固定資産税などの税金、そして諸経費を指します。

額面収入で考えれば、ＦＩＲＥに必要な家賃収入は４０００万円程度でしょう。ここから２０００万円を返済し、税金や経費を払って、空室損を差し引いた１２００万円ほどが残るイメージです。

セミＦＩＲＥならその半分で、家賃年収が２０００万円、１０００万円を銀行に返済し、税金や経費、空室損の合計をさらに差し引いた６００万円が残るイメージとなります。

スタート時点の資金余力が早期ＦＩＲＥのポイント

セミＦＩＲＥに向けて、３棟、資産規模２億円の物件の所有は、早ければ３年程度でいきたいところです。

普通にうまくやっていけば、３年で十分に達成可能でしょう。

ポイントは、スタート時点の資金余力です。スタートする時点で資金余力が多ければ一気にいけるのですが、資金をつくりながら取り組む場合は、もう少し時間がかかります。5～10年ほど見たほうがいいのかもしれません。

それでも、金融商品で積み立てていくよりは十分短い期間ではないでしょうか。

よく受ける質問が、2棟目を持つべき時期です。3年のうちにセミFIREのために3棟を持つのなら、「じゃあ、いつ2棟目を持てばいいの？」と疑問に思うのでしょう。

答えは、「2棟目を持つ時期を自分で決めなくてもいい」です。

つまり「いい物件があって、銀行の融資がつくのなら、いつでもGO！」ということです。できるだけ早く、資産規模を追い求めましょう。

のちほどお伝えしますが、銀行は不動産投資において、大切なビジネスパートナーです。

重要なのは体制づくりであり、そのうえで来た話がよければ乗ってしまい、そこに融資がついたら、ご縁で買う。そのようなイメージです。

ゴール（セミFIREかFIREか）と物件の判断基準（利回り、手残り、エリアなど）だけは明確にしておき、ふさわしい案件の話が来たときに銀行がGOサインを出してくれれば走っていく。これが、不動産投資の基本的なスタンスなのです。

FIREへのロードマップ

ゴール（達成したいこと）を設定する

例）不動産投資で年間の
手取り1000万円（FIRE基準）

達成するために必要な条件は
資産規模５億円の収益不動産を所有すること

↓

そのためには…

以下の物件を5棟程度持つ

・取得金額(投資元本)が1億円程度

・1億円あたり年200〜300万円程度の
キャッシュフローを生み出す

第3章

不動産投資でFIREするための基本的な考え方

経営者目線で「純資産拡大のサイクル」を意識する

「貸借対照表（B／S）」から資産拡大のサイクルを理解しよう

すでに、不動産でFIREを目指す最大の利点はレバレッジ、とお伝えしました。これは、少ない自己資金で大きな資産を持てることを意味します。

この資金調達は、「経営」という目線がなければ理解できないのではないでしょうか。不動産投資をしている人に多いのが、銀行からお金を借りるのは怖い、と考えることですが、それはあくまでも住宅ローンの延長線上で考えているからです。

「貸借対照表（B／S）」をご存じの人は多いはずなのでお話ししますが、銀行から融資を受けて投資用不動産を買った状態をB／Sで表現すると、負債である借入金の反対側に、固定資産である不動産が存在します。

そして、不動産から収入が生まれて損益計算書（P／L）に反映し、P／Lで算出された税引後の「当期純利益」が内部留保として、B／Sの利益剰余金に加算されるのです。

利益剰余金は事業が生み出した利益の累計であり、純資産を構成するものなので、これが増えれば事業全体の財務がより堅固なものとなります。潤沢な純資産をもとにさらに借入を行うことで、B／S、つまり事業全体が膨らんでいくのです。

さらに、借入の返済原資は賃借人が支払う家賃なので、空室率さえ拡大しなければ、手元の現預金を痛めることはありません。かつ、返済によって借入金残高が減り、強固な財務基盤が出来上がっていきます。

簡単に言えば、事業の利益が翌年のB／Sに乗り、強くなった財務基盤をもとにさらに借入を行ってB／Sを膨らませ、翌年はさらに多い純利益がB／Sに加わって…という**「純資産拡大のサイクル」を繰り返すことで、不動産賃貸業でご飯が食べられ**

ということになるのです。

る状態になり、FIREへつながっていく、

「不動産賃貸業」という事業を会計的にとらえよう

多くのサラリーマンは、この目線を持てていません。

なぜなら、経営者ではないからです。

サラリーマンは、基本的に税金や社会保険料を給与天引きで源泉徴収され、税金も年末調整で終わるなど、普段お金を管理してもらっています。その分経営者の感覚を持つのが難しく、わからないままで一生を終える人も少なくないでしょう。

事業の拡大には資金調達は付き物であり、建物には減価償却というキャッシュの支出のない費用がある。こういった感覚は、経営者なら当たり前に持っています。

この観点を持つだけで、借金に対する負のイメージがなくなっていくのです。

実際、わたしがコンサルティングを行う際に真っ先にお伝えするのが、この「B／SとP／Lの純資産拡大サイクル」ですが、多くの人は収入と返済の部分だけを考えがちで、不動産業者もあえて財務の面まで介入しないケースがほとんどです。

ここをお伝えするだけで意識が大きく変わることが多く、意識が変わった人は例外なく伸びています。


不動産投資は、「不動産賃貸業」という事業です。経営者の感覚を持てない人は、不動産屋さんに言われるがまま買ってしまうのですが、それでは家賃収入と返済がいくら、手残りがいくら、というところまでしか意識が向かないでしょう。

減価償却も、「還付金があります」といったワンルームマンション屋さんのトークが頭に入っているだけで、B／SとP／Lの全体像で考えることができていません。

不動産賃貸業で成功するかどうかの分かれ目は、不動産の目利きに加えて会計知識を持てるかどうか、つまり会計的に事業をとらえられるかどうかにかかっていると言っても過言ではありません。逆に言えば、FIREしていくには会計のメカニズムでとらえるだけでいい、ということになります。

サラリーマンのなかでも優秀な人たちが、そこへ踏み込んで純資産の拡大を実現しているのが、その証左でしょう。

資産の拡大サイクル

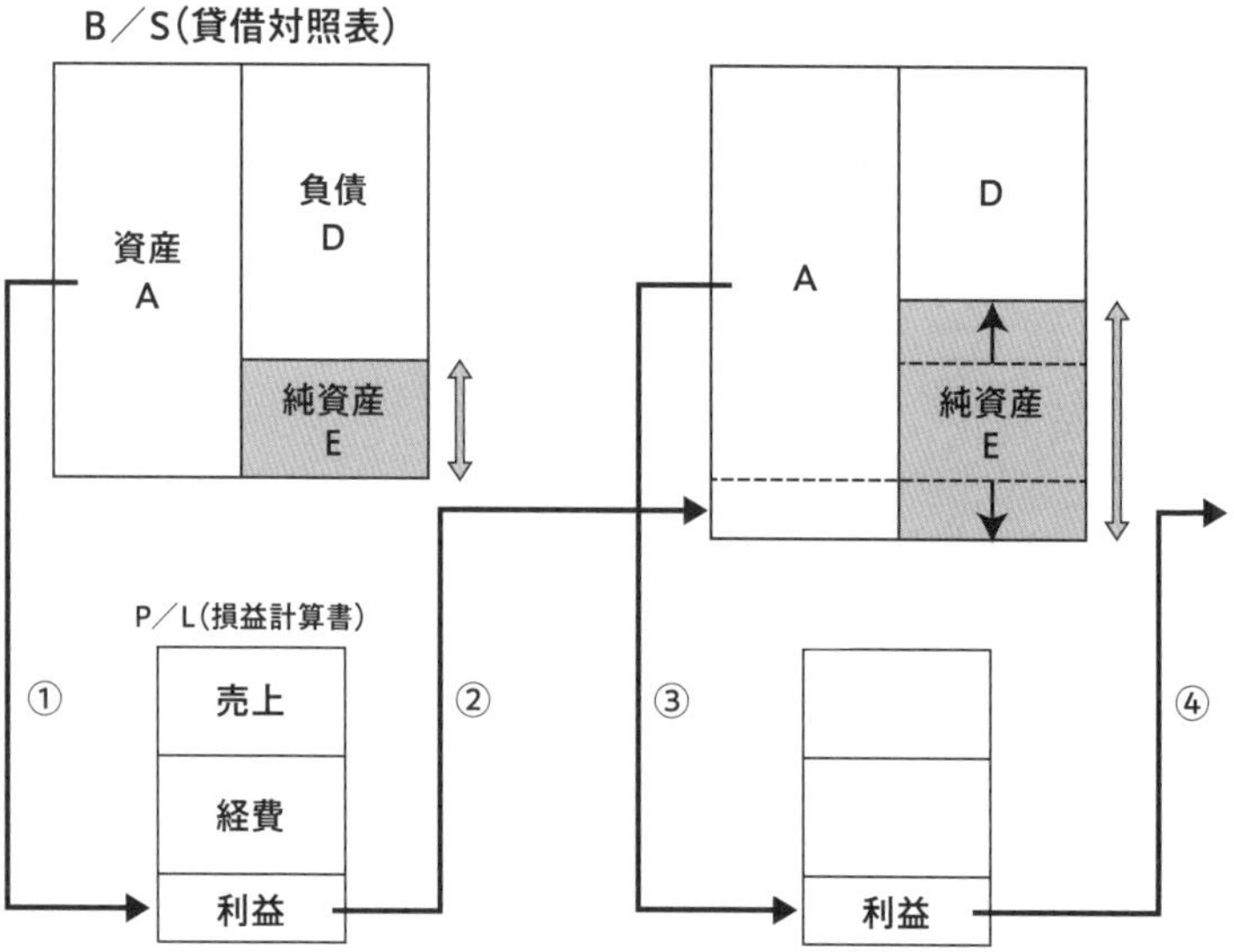

ＦＩＲＥに必要な不動産投資の収益とは

不動産投資の収益はインカムゲインとキャピタルゲインの２つ

不動産投資の目的は、もちろん収益を得ることなのですが、この収益には２つの種類があります。

まずひとつ目が、毎月の家賃収入から得られるインカムゲインであり、株式で言えば配当金に相当するものです。

そして２つ目が、売却したときの値上がり益、つまりキャピタルゲインです。株式投資なら、インカムゲインよりもキャピタルゲインを狙っている人がほとんどでしょう。この2つが、不動産投資における収益源です。

ＦＩＲＥを目指すならインカムゲインを重視しよう

一般的な不動産投資の考えでは、インカムゲインとキャピタルゲイン、どちらを重要視するかは目的によるでしょう。

ただ、**ＦＩＲＥを目指すのであれば、インカムゲインで生活を継続的に賄えるレベルになることが大前提**です。

ですから、10年後に売ったらいくらになるのかを考えるのではなく、保有することで家賃収入がいくら入ってくるかをしっかりと見積もることが、ＦＩＲＥの基本的な考え方と言えるのです。

いわゆる資産家、超富裕層の人たちは、キャピタルゲイン重視の不動産投資をすればいいでしょう。たとえば東京の都心部やニューヨーク、ロンドンなどの物件を買っておけば、そうそう値下がりしないので儲かる可能性が高いはずです。

一方で元手が限られている一般の投資家は、インカムゲイン重視でＦＩＲＥやセミＦＩＲＥを目指さなければいけません。

家賃収入を継続的に得られる投資をして、仕事をしなくても、もしくは仕事のペースを落としても生活できる状況をつくるのが、一般投資家の不動産投資に対する基本的な考え方ではないでしょうか。

大切なのはキャッシュフロー

インカムゲインを得るための不動産投資で意識しなければいけないのは、単に家賃収入を得るだけでなく、潤沢なキャッシュフローが得られているかということです。

キャッシュフローは、収入と支出の差し引きで手残りがどれだけになるかということですが、そこで大切になる要素が「利回り」です。

ただ、利回りが高い物件は購入価格が安いということであり、やたらと修繕費用がかかったり、買ったものの入居がつかなかったり、何よりも融資がつかなかったりするので、**物件やエリアの見極めは非常に大切である**ことは言うまでもありません。

キャピタルゲインよりもインカムゲイン

不動産投資における収益源

インカムゲイン	キャピタルゲイン
毎月の家賃収入から得られる利益	売却したときの売買差益

FIREを目指すのなら…

↓

**インカムゲインで
生活を継続的に賄えるレベルになる**

「キャッシュの出ない経費」を理解する

収入から経費を差し引いただけでは手取りとイコールにならない

不動産投資を行う際に大切なことは、収支をプラスにして、キャッシュフローを確保することです。基本的に収入から経費を差し引けばいいのですが、それが手取り額とイコールにならない部分もあるので、しっかりと理解しておく必要があります。

そもそもキャッシュフローの計算には、次の2つのステップが必要です。

①税額（所得税、もしくは法人税）を計算する
②実際のキャッシュフローを計算する

税額は、収入から各種経費、支払い利息、「減価償却費」を差し引いて「不動産所得」

を算出し、税率を乗じて計算します。

減価償却費は、建物部分を一定期間経費計上していくものであり、建物の構造などによって償却年数が異なります。たとえば木造は22年、ＲＣは47年で、中古購入した時点の築年数を耐用年数から差し引いた年数分、経費計上を行えるのです。

一方で実際のキャッシュフローは、収入から各種経費、所得税（法人税）・住民税に加えて借入金元本返済分を差し引いて、そこに減価償却費を戻す形で計算します。

減価償却費と借入元本の扱いに注意

大切なのは、経費にならない借入金元本返済分をキャッシュフローから差し引くことと、税金で経費計上した減価償却費をキャッシュフローに戻すことです。

とくに減価償却費は、不動産投資の大きなポイントと言えるでしょう。なぜなら、キャッシュが流出しない経費であるため、税金の軽減効果があるからです。

なお、不動産業者によっては減価償却費の戻しまで考慮したキャッシュフローシミュレーションをしていないこともあるので、注意が必要です。

不動産の「キャピタルゲイン」をどう考える？

FIREを目指すなら、転売で儲けるのは本筋ではない

資産運用のポイントのひとつに、「いくらで売れるか」ということがあります。

いわゆる「出口戦略」とも言われるもので、不動産投資においては入口である購入に対して、いい値段で売却することを指しています。

すでにお伝えした通り、ＦＩＲＥを目的とした不動産投資では賃料収入に基づくキャッシュフローを継続的に得ることが大切であり、転売で儲けることは本筋ではありません。もちろん、出口戦略がうまくいって高値で売れれば売却益を得ることができ、いままで返済した部分をキャッシュ化したり、将来得られる可能性がある利益を先取りしたりできる可能性もあります。

ただ、不動産賃貸経営のメリットのひとつは、キャッシュの支出がない費用である減価償却を活用することで、税金負担を軽減できることです。もし売却するにしても、減価償却が終わる頃を目安にすればいいのではないでしょうか。

不動産賃貸事業が「経営」であることを考えれば、常にリスクヘッジしておくことは欠かせません。ですから、緊急時にはいくらで売れるか、売却の時期をどうするか、といったことを考えておくのはとても大切なことです。

基本的に投資用不動産は、持っていれば借入金の返済が進み、財務状況も改善します。ですから、極力売らないようにするのが一番の方策でしょう。**売却益を次の物件に充てるなどの特別な理由がなければ、売却をするべきではない。**これが、わたしの考え方です。

簡単に買える物件ほど儲からない

「アパートローン」は事業ではなく属性で審査される

不動産投資のコンサルタントとして相談を受けていると、「どんなことをすれば失敗しますか？」という質問を受けることも少なくありません。

不動産投資の失敗をひと言で言えば「儲からないこと」に集約されると思いますが、**儲からないパターンでもっとも多いのは、「簡単に買える物件を買ってしまう」こと**です。

たとえば、不動産業者が「これはあなたでも簡単に買えますよ」と言いながら、業者側の利益がたくさん乗った新築物件を勧めてくるケースがそれに当たります。

このような物件は、新築、中古にかかわらず、提携している銀行から「アパートロー

ン」といった形で融資を簡単に受けられます。

つまり、サラリーマンの属性によって定型のローンを使って買えるものが、「簡単に買えてしまう物件」なのです。


実際、「アパートローン」などの定型ローンは、物件の評価を重視しない、住宅ローンの延長線上で借りられるローンです。

そこで重視しているのは、事業性としての採算ではなく、あくまでも借りる人の属性に過ぎません。

勤め先が上場企業なのか、公務員なのか、士業などの高い収入が見込める資格を持っているのか、といった住宅ローンと同様の判断基準で審査を行い、「年収の何倍までなら貸します」といった形で、1週間ほどで審査結果が出てくるものです。


属性を見るのは、事業が回らなくても給料から返済できると見込んでいるからでしょう。なおかつ、審査を簡単に済ませられるので、労働コストがかかりません。つまり、銀行と不動産会社にとって都合のいい、手っ取り早く捌ける案件となるのです。

物件の良し悪しではなく、借りる人の属性で判断されて購入できる物件は、本当にいいものである可能性がとても低いのです。

不動産投資で使うべきはプロパーローン

不動産投資は「不動産賃貸事業」というれっきとした事業なので、本来は商品名などがつかない、プロパーローンと呼ばれる事業性のローンで借りるべきものです。

プロパーローンの場合、銀行の担当者が融資稟議を作成し、本部と何度もやり取りしながら決裁します。

外部評価にも出し、場合によっては不動産鑑定士が評価をつけて、物件の積算評価、マーケティング収益還元費などといったものもすべて総合的に審査して、銀行が投資適格と判断したところで実行されるのです。

プロパーローンなら、銀行が資金回収できる事業なのかかなり精査してくれるうえ、借りる本人が融資するに値する債務者なのかもしっかりと吟味してくれるローンなので、審査が通れば堅い事業と判断できます。

一方で、ほとんどの人は

「自分など、プロパーローンの審査をしてくれない」

と思わされているため、アパートローンで買ってしまいます。その結果、あまりよくない物件を買うことになり、儲からなかった…という結果になるのです。

儲からない要因は、キャッシュフローが思ったように出ない、将来思ったような値段で売れない、入居が決まらないなど、さまざまです。

もちろん、「プロパーローンでお願いします」と銀行にお願いしても、簡単には応じてくれません。その場合、検討を重ねて事業性を見極めるか、わたしも含めたコンサルタントの手を借りる必要もあるでしょう。

少なくとも、何も考えずに簡単に買える方向へ進んでしまえば、残念な結果に陥ってしまうことが多いのは間違いありません。

不動産投資でいい出口へ向かうには、狭い門から入る必要があることを知っておきましょう。

「買いたい病」に気をつけよう

買うことをゴールにしてはいけない

不動産投資を始めるときの落とし穴に、「買いたい病」というものがあるのをご存じでしょうか？　不動産業界では、普通に使われている言葉です。

買いたい病とは、いったん物件を買いたくなると、リスクが見えなくなったり見ようとしなくなったりして、購入に突き進んでしまう状態を言います。

書籍を読んだりＹｏｕＴｕｂｅなどの動画を見たりして成功例を知り、「さあ、やるぞ！」とモチベーションが上がっても、そう簡単に優良な物件が出てくるわけではありません。手に入らなければ入らないほど、時間の経過とともに、モチベーションが買いたい病に変わってしまうのです。

買いたい病の困るところは、一度かかると本来の目的を見失い、買うことがゴールになってしまうことです。あくまでもわたしのイメージですが、この状態になってしまう人の特徴として、次の3点があげられます。

・楽をして儲けたい、キャッシュフローのあがりだけがほしい
・早くつまらない仕事をやめて、FIREしたい
・地道に不動産屋を回ったり査定をしたり、交渉したりするのが面倒だ

買いたい病にかからないために必要な心構えは3つ

このようなモチベーションの人たちは、「買えば、勝てる!」と思い込んでいるので、早く結果を出したくて焦ってしまうのでしょう。

そのようなところへ、経験豊富な不動産業者が熱心に物件を勧めてきたら、ひとたまりもありません。さらに、銀行から融資をしてくれると言われれば、

「銀行がこの案件に太鼓判を押してくれた」

と都合よくとらえて、購入に突き進んでしまうでしょう。

そんな行動によって取得した物件が、いいものであることはほとんどありません。なぜなら、不動産屋は買主のことなど考えておらず、売買手数料がほしいだけだからです。

また、銀行のアパートローンは物件にお墨付きをつけて融資してくれるわけではなく、借入をする人の属性をベースに、労働収入を信用しているだけです。

多くの人が最初の物件購入でつまずいてしまうのは、これが原因と言えます。

すでにお伝えした通り、**不動産投資は事業なので、きちんと経営をしなければ成功できません**。従業員を雇わないとしても、理念（自分軸）が必要です。

買いたい病にかからないために必要な心構えは、次の3つなので、忘れないようにしましょう。

・目的を見失わないこと
・待てる胆力を持つこと
・いざというときに決断するための地道な準備をしておくこと

買いたい病にならない３つのポイント

1

目的を見失わないこと

2

待てる胆力を持つこと

3

いざというときに決断するための地道な準備をしておくこと

第4章

不動産投資でＦＩＲＥを達成する

不動産投資は「ワンチーム」

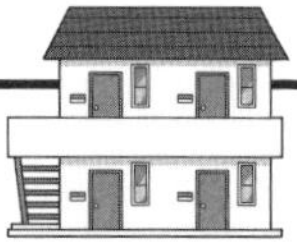

不動産賃貸業を成功させるには「事業主」へ意識を変えよう

本章では、不動産ＦＩＲＥを達成するための実践的な知識をお伝えします。

すでにお伝えした通り、物件購入は、いい物件があらわれて銀行がＧＯサインを出してくれるなら、積極的に取り組むべきです。

ですから、常に走り出せるマインドを持っておくことが大切と言えます。

それでは、「いい物件」の情報を、どのように得ていけばいいのでしょうか？

物件情報を頻繁にチェックする方法もありますが、大切なのは、「情報の元」を持ってきてくれるつながりを持っておくことでしょう。たとえば、わたしのようなコンサルタントから情報を受け取ることも、最近は少なくありません。

ここで非常に重要なのが、意識を「ＢｔｏＣ（Business to Consumer）」から「ＢｔｏＢ（Business to Business）」へ変えることです。つまり、**不動産賃貸業を成功させるには、「消費者」から「事業主」へ意識を変えなければならない**のです。

スーパーマーケットに並んでいる商品を見て、消費者として「どの商品がいいかな」と選ぶのがＢｔｏＣであるのに対し、ＢｔｏＢはお互いがビジネスパートナーとして、一緒にビジネスのしくみをつくっていくものです。

わたしが相談者へ最初にお伝えするのは、この「Ｂ」の意識を持つことです。不動産投資をしようとする人たちが最初に誤りやすいのは、このマインドセットの部分であり、実際のところ「Ｃ」の意識を強く持っている人が多く、車を買うのと同じイメージで来る人が多いのです。買い物をする感覚になっているのですね。

投資家も「お客様（C）」ではなく「事業主（B）」の一角

不動産投資は、売主、不動産業者、銀行、建築業者、コンサルタントなどの「B、B、B、B…」という流れがあり、最後に「C（入居者）」が登場します。

入居者がCなのは、入居者が払う家賃が事業の収入原資となるからです。入居者から大家さんにお金が入り、そこから銀行に返済していきます。銀行から借りたお金は建ててくれた建築業者へ支払い、ほかにも不動産仲介業者、場合によっては情報を持ってきたコンサルタントにも手数料や相談料が入ります。そして最上流が、元の売主になるのです。

このようにB、B、B、B…と来て、最後の入居者がCになるので、投資家（大家さん）もBの一角です。ですから、ただ情報を待っていればまわりが動いてくれる、いい情報を持ってきてくれる…という意識を持つことは、おすすめできません。

事業主としてどんな考えで不動産投資をしていくのか、どの業者とお付き合いするのか、どのように資金調達をするのか、どんなところから情報をもらってくるのかを、ご自身で決めましょう。その結果わたしをコンサルタントとして選んでもらえるなら、喜んでお手伝いします。

ビジネスパートナーとして選ばれるマインドセットが大切

なかには、いろいろな不動産業者やコンサルタントの意見を聞いて目移りしてしまい、自分にとって最高の物件を手に入れようとする人がいるようです。

単に適当な物件を買うだけならいいのですが、FIREを目指してわたしのようなコンサルタントと戦略的に不動産投資を行っていく場合、そのようなスタンスでは敬遠されてしまいます。

相談者とコンサルタント、そしてさまざまな業者は、相談者と一緒にFIREというゴールを目指して一緒に進んでいく「ワンチーム」ではないでしょうか。

もし別の話が出てきたときは、何度も話し合ったうえで、ビジョンに共鳴できるのなら、今後も一緒に組んでいくことになるでしょう。

相談者に共感して動く銀行も、物件の売主も不動産業者も、入居者へ至る一連の事業体です。消費者という立場に慣れきった「お客様」の意識では、売主から始まる事業の流れを意識することができません。

ある程度ワンチームとして固まれば、安易に業者を変えたり、ほかの物件やほかの銀行に目移りしたりするのは、得策ではありません。結果としてチームは崩壊し、今後情報の提供を期待できなくなるからです。自己中心的になって、まわりを振り回さないようにしましょう。これは、資産家であっても同じです。信頼を失えば、一緒にやっていこうとは思ってもらえないのがＢｔｏＢの世界なのです。

とくに、サラリーマンとしてずっと働いてきた人たちは、「自分は大企業に勤めているから、銀行がお金を貸してくれるはず」と考えていることが多く、事業主としてのマインドをなかなか持てない人も少なくありません。**早く資産拡大サイクルの意識を持ち、ビジネスパートナーとして選ばれるマインドセットをつくりましょう。**

儲けたいのは、あなただけではありません。不動産投資に関わる業者すべて、利益があるから動いてくれるのです。儲からず、支払うだけなのは、消費者である入居者のみであることを、強く認識しましょう。

不動産投資は「ワンチーム」の意識が大事

× 「消費者」意識

○ 「事業主」意識

↓

お互いがビジネスパートナーとして、
一緒にビジネスのしくみをつくっていく
意識を持つ

買主には謙虚な姿勢が求められる

不動産業界の頂点は、売主と銀行

前の項で、「不動産投資はワンチーム」というマインドセットの話をしました。

わたしのようなコンサルティングをしている人が最初に話すのは、マインドセットなので、もうひとつだけお伝えします。

よく、ピラミッドの形でヒエラルキーが語られますが、一般的なビジネスのヒエラルキーは、消費者が頂点にいて、その下に流通、そしてメーカー…と続き、結局消費者がもっとも強い、という形になっています。

一方で、不動産業界の頂点は、売主と銀行です。そしてその次に、仲介業者やコンサルが続き、買主はさらに下のところに位置します。つまり、買いたいからといって簡単には買わせてもらえません。売買の情報は、かならず川上から来るものなのです。

サラリーマンの感覚なら、これまで生活してきたなかで、消費者がもっとも偉いと思っているのではないでしょうか。

消費者という「王様」であることに慣れているために、「儲かる情報を持ってきてくださいよ」というスタンスになりやすいのです。

少し考えればわかる話ですが、あなたのところへ儲かる話を持って行かなくても、いくらでも買い手はいます。逆に情報をもらえない買主は、買いたくても買えません。

ですから、**特別な情報が自分に届くような関係性がなければ、いい物件を買うことなどできません**。そもそも売主が売ってくれない限り、契約するまでは売主が「王様」なのです。

コンサルタントの「ポジショントーク」を鵜呑みにしない

不動産業者は一概に悪者とは言えない

世間一般では、「不動産業者は悪」のような言われ方をすることがあります。

わたしも不動産に携わる身なので複雑な気持ちですが、不動産会社の人たちが悪者に仕立て上げられるのは、多くのコンサルタントによる「ポジショントーク」がひとつの要因なのではないでしょうか。

たとえば不動産コンサルタントや大家の会などにいる人たちが、

「不動産業者は悪者だから、気をつけてくださいね」

とお客様へ伝え、自分の言うことを聞かせようとすることは少なくありません。

でも、コンサルタントと大家をしつつ、現在も不動産会社と関わっているわたし個人としては、納得がいかないところもあります。

事業主として、自己責任の意識を強く持とう

もちろん、不動産業者の「売らせよう」「買わせよう」というスタンスは悪いところです。

ただ、彼らは売らせてなんぼ、買わせてなんぼの仕事をしているので、仕方がない面もあります。売らせること、買わせることでしか利益を得られないのが、不動産会社のしくみだからです。

「そもそもこの物件は、投資としてどうなのか」

「売るべきなのか、貸し続けるべきなのか」

といった、大家さんが必要とするコンサルティングに応じるよりも、できるだけ早く、多く手数料を得るのが営利企業の目的なので、このような形になってしまいます。

その部分をとらえて、「不動産業者は、人を騙して商売をしている、と言われてしまうのでしょう。

コンサルタントのポジショントークでも、このような言い回しは時折使われているようです。でも、考えてみてください。不動産会社は、相談料をもらっているわけではありません。結局のところ、契約をしなければ自分たちの利益にならないのです。まずは、そのことを理解しましょう。

大切なのは、不動産投資に関わるさまざまな業者の仕事をきちんと理解しつつ、自分自身でも判断できるようになることではないでしょうか。

もちろん、不動産会社を全面的に擁護しようとは思いません。あくまでも一部ですが、情報格差を利用してセールストークを展開し、売るまではサービス精神旺盛、でも売ってしまえば終わり…といった会社もたしかに存在します。

結果として、「まったく儲からないじゃないか。騙された！」となることもあるので、不動産業界にも反省すべき点はあるでしょう。

ただ、すでにお伝えした通り、事業主となる以上、自己責任からは逃れられません。ＢｔｏＣの意識を脱却し、ＢｔｏＢの意識で、その業者がパートナーとして組むのに値するか、といった視点を持てばいいのではないでしょうか。

大家さんコミュニティの活用法

「魚」を与えてくれないのが大家さんコミュニティのデメリット

日本全国には、１００を超える「大家さんコミュニティ」があるようです。

大家さんコミュニティは、不動産投資をしている人、不動産投資をこれから始めたい人などが参加する、会員制のコミュニティです。

このコミュニティ、どのように活用すればいいでしょうか？

賃貸経営を考える際に不動産会社へ直接行くと、「投資的にどうなのか」というコンサルティングをせず、基本的に物件を売るだけになりがちです。

それを避けたい人たちが、大家さんコミュニティで学び、相談するのでしょう。

そのような点では、大家さんコミュニティはわたしのようなコンサルタントと同じ要素を持っていると言えます。

すでにお伝えした通り、「事業パートナー」として誰と組んでいきたいか、というところで選んでもらえればいいのですが、**大家さんコミュニティのデメリットをひとつあげるとすれば、「釣り方は教えるけれど、魚は提供できない」ということ**でしょう。

つまり、教えたり相談に乗ったりはするけれども、物件は自分で探しましょう、というのが大家さんコミュニティの特徴なのです。

なぜなら、不動産業を行うために必要な国家資格である宅建（宅地建物取引士）の免許を持っていないからです。宅建士を取得するために勉強し、宅建業の免許をとるコストを嫌がっているのかもしれません。

ごく一部ある、ブラックな大家さんコミュニティに注意

あくまでもごく一部ですが、多少「ブラックさ」を感じる大家さんコミュニティも

あるので、注意が必要です。

たとえば、

「自分はとても貧乏で何もなかったけれども、いまはこんなに成功している」

といったサクセスストーリーをブランドにしているのですが、実態は親からの相続財産が元手になっているのを隠している…というパターンです。

それらしいサクセスストーリーでブランディングを行い、裏事情を隠して、

「自分を通して物件を買わなければうまくいかないよ」

と言って手数料をたくさんもらっているような、そんな「ブラックな」会もあるようなので、見極めはしっかりと行いましょう。

ほとんどの大家さんコミュニティはクリーンに運営していますが、やはり「魚」を提供できないところはデメリットなのかもしれません。

「家賃－借入金利」のスプレッドが大切

キャッシュフローのためには利回りが重要

不動産投資で大切なのはキャッシュフローであることは、すでにお伝えした通りです。そのキャッシュフローを確保するために重要なのが「利回り」であり、賃料による利回り（賃料収入÷投資元本×１００（％））が借入金利を上回っているのが大前提です。

不動産投資は基本的に、銀行からの借入金を活用してレバレッジを効かせるものなので、賃料利回りよりも借入金利が高いようでは、そもそもキャッシュフローがマイナスになってしまいますよね。

ただ、すでにお伝えした通り、キャッシュフローを手にするまではさまざまな経費がかかります。ですから、少しでも多くのキャッシュフローを得るには、賃料収入が借入金利を大きく上回っているに越したことはありません。

新築の場合、理想のスプレッドは6％

この「スプレッド（賃料利回り―借入金利）」がどれだけあればいいか、よく質問を受けるのですが、正直に言えば、ここはあまり明確にしたくありません。

なぜなら、この数字がハードルになってもいけないな、と考えるからです。

あくまでも「理想」としてとらえてほしいのですが、望ましいスプレッドは6％です。つまり、賃料利回りが8％、金利が2％であれば、スプレッドは6％で、理想の状態と言えます。中古物件で運用経費がかかる場合、8％はほしいところです。

ただ、正確には物件の個別性にもよるので、スプレッドが6％を下回っていても投資に適した物件は存在します。**「スプレッドは物件のチェックポイントのひとつであり、理想は6％だけれども、物件の個別性を見ながら実際のキャッシュフローで判断する」ととらえるようにしましょう。**

金融機関の選び方

メガバンクは基本的に不動産投資の対象外

融資によるレバレッジが肝の不動産投資において、金融機関をどう選ぶのかは、多くの投資家が非常に悩むところではないでしょうか。

ひとつ確実に言えるのは、メガバンクは除外してもいいということです。

そもそも近年のメガバンクは、基本的に、不動産投資への融資をしてくれません。一部取り扱う銀行もありますが、億単位の資金を持つ富裕層でなければ相手にしないので、本書の読者である「ＦＩＲＥを目指す人たち」のニーズには応えてくれないものと考えて結構です。基本的な選択肢は信金や地銀になるでしょう。わたしは政府系金融機関も活用するので、政府系、信金、信組、地銀が選択肢です。

融資担当者がやる気になってくれることが大切

銀行について、かならずと言っていいほど投資家から聞かれる質問があります。

それは、「どうすれば、銀行融資の条件がよくなりますか?」というものです。

これをひと言で言えば、**「融資担当者がやる気になるように持って行くこと」であり、言い換えれば「事業性のプロパーローンをいかに引き出すか」ということ**になります。

すでにお伝えした通り、不動産投資にはB、B、B、B…そしてC、という流れがあります。その資金調達を握る銀行の融資担当者は、Bのなかでも非常に重要なポジションを占めているのです。つまり銀行が好む案件を選ぶことがポイントです。

銀行が好むお客様になっていくことも有効

ただ、通常であれば融資担当者は、不動産投資でプロパーローンをなかなか扱ってくれません。銀行の支店には預金の出し入れや税金の支払いをしてくれる窓口担当の人がいるのですが、融資担当者はその奥にいます。融資担当者は地域のさまざまな経営者と接触し、融資の相談に乗ったり稟議書を書いたりしています。

このように、ひとりで数十件の案件を捌くなかで不動産投資の話を持ちかけて、「では、やりましょうか」となってもらわなければ、話が上がっていきません。やる価値があると思ってもらえない限り取り組んでくれない。ここがポイントなのです。

そのためには、融資担当者にとっておいしい案件、つまり成績を伸ばしてあげる案件にしなければなりません。少なくとも、「この人の話を聞いても無駄骨だ」と思われれば、適当な返しでスルーされることになってしまいます。

通常の流れであれば、それなりに事業規模が拡大して融資額も増え、「この○億円の物件なら取り組む価値がある。人としても問題ない」という段階になったときに、やっと動いてくれます。

そこまでの事業規模になっていなくても、物件の内容やエリア、事業規模が銀行の好む案件に仕立て上げることは、不可能ではありません。銀行が好むお客様になっていくことも、有効な方法です。

プロパーローンの「プロの審査」で事業性を見極めてもらおう

のちほどお話ししますが、物件にはいくつかのポイントがあります。すべて自分でできればいいのですが、自分だけでは見誤ってしまうことも少なくありません。

でも**プロパーローンの審査は、融資のプロである担当者や銀行の本部で事業性を吟味してくれます**。わたしたち以上の精度で、この物件は大丈夫か、エリアは大丈夫か、長期の融資を回収できるか、といったことをチェックしてくれるのです。

賃料は入ってくるのか、入居率はどうなのか、家賃の下落はないか、賃貸需要があるのか、といった部分を、投資家以上に銀行がチェックしてくれます。

プロパーローンの活用は専門のコンサルタントへ依頼してもいい

気をつけるべきなのは、プロパーローンのように見えてじつはプロパーではない、という融資がたくさん溢れていることです。

そのほとんどが、「アパートローン」といった名称の住宅ローンのようなパッケージ商品なのです。

パッケージ商品の場合、たとえば公務員や、一部上場企業のサラリーマンだから貸してくれるものなので、銀行はほとんど事業性を重視していません。むしろ、属性を重視しているのです。

いかにプロパーローンの俎上に載せるかは、もちろんご自身でもトライして結構ですが、わたしたちコンサルタントの腕の見せどころでもあります。

経験値も必要なので、なかなか書籍で表現しきれない部分があり、その点はご了承いただきたいところです。コンサルタントそれぞれのノウハウがあるので、もしご相談いただければ、しっかりと説明しますね。

ＦＩＲＥを目指すなら「地方の新築1棟」

「物件の優先順位」は、基本的にはない

不動産投資における物件を区分けすると、次のような分類になるでしょう。

・新築／中古
・区分所有／1棟
・集合住宅（アパート、マンション）／戸建て

よく聞かれるのが、

「やっぱり、中古がいいのですか？」

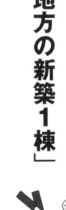

「区分マンションよりも、1棟を買ったほうがいいのですか?」

という質問です。

不動産全般的な観点で考えれば、これがおすすめ、優先順位はこう、といったものはありません。これが、答えになってしまいます。

ただ、**不動産投資でFIREを目指す観点に絞るのであれば、現在は「地方の新築1棟」がおすすめ**です。

具体的な地域、つまり何県何市と絞るのは難しいのですが、あえて定義するのなら、賃貸のニーズがあって、土地が安い地域です。

首都圏は、とにかく地価が高い

「では、一都三県は避けたほうがいいのか?」

という質問も、よくいただきます。これも一概に言いきれないところがあり、ケースバイケースです。

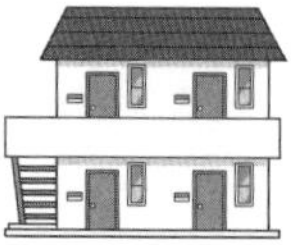

たとえばその地域にご縁があり、何か土地を安く仕入れられる情報があるのなら、いいのではないでしょうか。「一都三県は駄目」ということはありません。

でも、一都三県で土地をゼロから探そうとする場合は、やはり土地の値段が高いので、ハードルが高くなることは間違いないでしょう。

不動産賃貸は、土地と建物の総額から事業費が算出され、自己資金と融資の比率はどうなのか、借入金利が何%なのか、利回りのスプレッドがどれくらいなのか、という全体で事業を判定します。

建築費や借入金利の地域差がそれほどなければ、大きな要因となるのは土地の値段です。

言うまでもありませんが、たとえば東京23区内は大都市なので、土地の価格が高く、ひとつの物件で2〜3億円はします。内訳は、土地の値段と建物の値段がそれぞれ1億5000万円、といったイメージです。

そして、大事なキャッシュフローは月30万円程度なので、2〜3億円の投資で年300〜400万円程度しか残りません。手元の金融資産すべてを注ぎ込んで、ようやく1棟買えるレベルなのです。

もちろん賃貸需要は高く、交通の利便性もいいので、安全性が高いことは間違いありません。でも、2～3億円の物件を買って年間キャッシュフローが300～400万円程度なら、次が買えないので、FIREはおろか、セミFIREにも届きません。

5～10年後に高値で売れれば、数千万円の売却益が出るかもしれませんが、そこは何とも言えないところです。

地方は不動産投資のメリットがたくさん

現時点でわたしが推奨する「地方の新築1棟」は、7000～8000万円ほどの物件で、200～300万円の年間キャッシュフローが出ています。

すでにお伝えした通り、まさに3棟買うことができれば、セミFIRE確定です。

つまり、土地の取得額を下げて事業費を抑え、借入金返済による支出を少なくすれば、

３棟持つことでセミＦＩＲＥが可能なレベルまで到達できるのです。

ちなみに７０００～８０００万円の事業費の内訳は、土地が１０００～２０００万円、建物が６０００万円ほどです。

あまり具体的な地名をあげるとその地域の方々のご迷惑となるので控えますが、イメージは**「人口が20～30万人ほどの、その地域第２位の地方都市や、それに隣接する市」**といったところでしょうか。

地域によっては路線価がつかず、倍率地域になっているところも多いでしょう。坪単価の目安は、10万円前後です。東京なら坪単価で１５０万円以上がほとんどなので、それだけで事業費の規模がどれだけ違うかわかりますよね。

さらに、建築会社がニーズに合ったいいアパート・マンションを建ててほぼ満室が続けば、賃料利回り８％で回るはずなので、借入金利２％なら６％のスプレッドが得られます。

しかも新築なので、ほぼ15年間は修繕費用がかからないはずです。

このような物件なら、1000万円以下の自己資金を投入することで、20年間で7000~8000万円ほど稼いでくれます。

地方なら駅からの距離はあまり影響しない

相談者からは、

「こんな地域で本当に大丈夫ですか?」

と質問されますが、気になっているのはおそらく駅からの距離でしょう。

首都圏に住むなら、徒歩や自転車が多いライフスタイルなので、駅からの距離が近いに越したことはありません。

ただ、地方は車社会であることが多いので、アパート経営するにあたって駅からの距離が大きく影響することはないでしょう。

駅までバス通勤・通学が当たり前の地域もあるので、駅からの距離は地域の生活スタイルが大きく関わってくるところです。

地方の新築１棟がおすすめ

7000〜8000万円ほどの物件の実例

ポイント　人口が20〜30万人ほどの地方都市など

ポイント　坪単価の目安は、10万円前後

ポイント　新築なので、ほぼ15年間は修繕費用がかからない

1000万円以下の自己資金を投入することで20年間で7000〜8000万円ほど稼いでくれる

物件を見るときの注意点

まずは直接見に行こう

不動産投資を検討する際、「物件は直接見に行ったほうがいいですか？」という質問を受けることもありますが、わたしとしては、見に行ってもらいたいところです。

その際にチェックすべきポイントはいくつかあるのですが、中古物件なら、建物のコンディションはかならず見なければいけません。本書で提唱している新築、つまり土地の取得から行うものならば、賃貸需要や家賃相場の確認が最大のポイントです。

この事業が成り立つかどうかは、入居者がつくかどうかにすべてがかかっているので、マーケティングは最優先事項と言えます。

「賃貸需要」と言うとイメージがつきにくいのですが、わたしの場合、賃貸のポータルサイトをザザッと見ます。たとえば、近隣にどんな物件があり、家賃相場がいくらくらいなのか、といったネットで調べられることはひと通りチェックしましょう。

もちろん、地元の不動産業者に聞くことも大切です。実地でのヒアリングは、誰でも行っていることです。

そこへ住む人の立場で見極めよう

ほかには、実際に現地で見なければわからないことを確認するのも、とても大切です。たとえば、その土地が高台にあるか、低地でじめじめしているかは、行ってみなければわかりません。後ろに擁壁（高低差のある土地で、側面の土が崩れるのを防ぐために設置される壁状の構造物）があるかも、現地へ行かなければわからないことです。崖崩れが起こり得る状態は、怖いものですよね。

入居者の立場になって、土地の特徴や地形、近隣の施設などをチェックするようにしてください。

車庫の確保は必須

1戸につき1～2台分の駐車場を確保しよう

地方の賃貸物件の良し悪しを見る際のポイントを、もうひとつお伝えします。

それは、駐車場です。

具体的には、**1戸につき1～2台分の駐車場を確保できるかどうか、ということ**です。理由は…車社会であることが多いからです。

実際に駐車場をどれだけ確保できるのかは、建築会社のプランでわかります。

そのプランで、たとえば1戸につき1台しか確保できない場合は、どうしても単身者向けの住宅になってしまうでしょう。

単身者向けになると、部屋の間取りは１Ｋ、もしくは１ＬＤＫとなり、手狭感が出てしまいます。また、そのような間取りの物件は無数にあるので、空室リスクが懸念されます。

１ＬＤＫで40～50㎡が間取りの目安

地方の新築1棟でおすすめの間取りは、もちろん広ければ広いほど差別化できるので、50㎡ほどの１ＬＤＫか２ＬＤＫです。

駐車場も1戸につき2台とればいいのですが、その場合かなり安い土地で広い敷地を探すことになり、賃貸需要の見極めが非常に難しいと言えます。

また、３ＬＤＫ以上になると、面積をたくさんとる割には家賃があまり伸びないため、利回りの低い企画になってしまいます。

それなら、１ＬＤＫで40～50㎡のほうがいいのではないでしょうか。共働きのカップルが住むのにマッチする広さであり、家賃を負担するのも2人でできるので、借りやすくなるはずです。

産業が観光業、農業、漁業だけの地域はおすすめできない

世界的に売れる技術を持つ企業の拠点ならＯＫ

地方の物件で不動産賃貸業を行う際の重要なポイントに、「その地域に産業があるかどうか」というものがあります。

街のポテンシャルは非常に大切で、たとえば観光業や農業と、漁業だけの地域なら、難しいでしょう。

観光はアップダウンが大きい、不安定な産業です。ある街がコロナで観光誘致に大打撃を受けた、といったニュースは記憶に新しいのではないでしょうか。

そして、農業や漁業に従事している人たちのほとんどが自前で住居を持っているため、賃貸物件に入居してくれることはありません。

最近、熊本県が観光業だけでは弱いということで、同県菊陽町（きくようちょう）にＴＳＭＣ（台湾の世界的な半導体メーカー）を誘致し、関連企業の進出も見込まれるということで話題になりました。

菊陽町には世界規模の半導体工場が集積するということで注目していたのですが、じつは２年前からバブル状態になっていて、もう土地が出てこない状態です。物件を持つことができれば、賃貸需要は非常に大きいでしょう。

ポイントは、世界的に売れる技術を持つ企業の拠点があるか、もしくは高速道路などが通ってハブとなり、物流の拠点となっているか、といったところでしょう。

街に１０００人の雇用が生まれると６倍ほどの人口増加が見込める

じつは、地域にスーパーマーケットなどの雇用があったとしても、街は衰退していきます。ほかへ売るものがあり、しっかりお金が入ってこなければ、街は伸びていかないのです。

総務省のホームページにも書いてありますが、**街に1000人の雇用が生まれると、家族やその周辺のショッピングモール、床屋さんなども含めて、6倍ほどの人口増加が見込める**とのことです。つまり、ひとつの企業がやって来て大きな工場をつくっただけでも、経済効果は非常に大きいと言えます。

さらに、高い技術力と大きなシェアを誇る企業が拠点とする、あまりメジャーではない地域なら、とても期待できるでしょう。

なぜなら、大工場に勤める、安定的な給料をもらっているその地域以外の出身者が入居してくれるからです。

この場合、平均年収クラスの人が家庭を持つ前、つまり若いうちに住みたくなるアパートをつくるのがいいのではないでしょうか。

その地域で定住しようとマイホームを持つことになったら、賃貸住宅を退去してしまうからです。その場合は、ファミリー向けではなく単身者向けの間取り中心にすることをおすすめします。

第5章

実例で見るFIRE物件

なぜ「新築物件」なのか

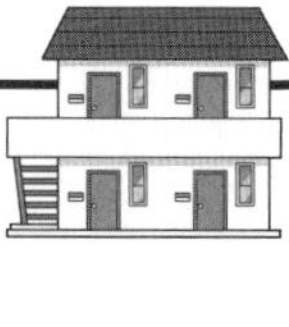

不動産投資の最近の流れを知ろう

不動産賃貸事業は、時代の変化によって大きく様変わりするものです。10年ほど前は中古の1棟マンションが一世を風靡しましたが、現在は市況や銀行の融資姿勢の変化で難しくなっています。

本章で実例をお伝えする前に、不動産投資の最近の流れも含めて軽く振り返ります。

なお、これはわたしの実践や経験則に基づく部分もあり、統計などを見ると不正確な点があるかもしれません。

その場合は、どうかご了承ください。

中古の１棟ＲＣではＦＩＲＥが難しくなった

１９９０年代の初頭まで続いたバブル経済の時期、不動産市場は現在では想像もつかないほど盛り上がっていて、土地を持っていればどこまでも値上がりする、という「土地神話」なる言葉があったほどです。

当時は、都心から地方までありとあらゆる土地持ち、いわゆる地主の人たちが、銀行から湯水の如く出てくる融資を受けて、「土地活用」という名目でアパートやマンションを建てていました。

そのバブル崩壊から30年ほど経っていますが、**10年ほど前にあった２０１０年代前半の不動産バブルで個人投資家がたくさん登場した際に、市場へ供給された中古物件。これらは、バブルの終盤に建てられたものだった**のです。

築23～25年ほどで、ＲＣなら減価償却の残存期間が約25年あり（47年－22～23年）、この場合、銀行の融資は残存期間分の約25年間出ます。

話が横道に逸れますが、ＦＩＲＥに向けては銀行の融資年数がひとつ重要なポイントになることを知っておきましょう。不動産ＦＩＲＥにおいては、投資家よりも銀行の考え方のほうが重要なのです。

とくにプロパーローンにおいては、耐用年数が物件の寿命ととらえ、耐用年数を迎える時期まで貸してくれるのが銀行の基本的な考え方です。

話を戻し、当時は地方の中古ＲＣを買った場合、残存期間に該当する24～25年返済で融資を受けられれば、利回り10％で十分ＦＩＲＥ物件になっていたのです。

ところが、バブルが終わって「失われた30年」に入ると不景気になり、地主さんが積極的に投資しなくなったため、新たな物件が供給されなくなりました。

そして、現在でも残っている物件は築30年超、たとえば築33年になり、銀行も13～15年しか物件購入のための融資をしてくれなくなりました。

たとえば13年の融資で投資物件の収支を回すには、20％もの利回りが必要であり、そんな物件などありません。

自己資金を半分入れれば、利回り10％でも回りますが、それではレバレッジ効果が薄く、ＦＩＲＥなどおぼつかないでしょう。これが、中古の１棟物件でＦＩＲＥが難しくなった理由です。

現在は地方の新築1棟アパートが多くのキャッシュフローを生み出す

ＦＩＲＥ物件がないなかでどうすればいいか、わたしなりに考えて出てきたのが、新築・木造の1棟アパートです。木造なら建築費を低く抑えられ、新築なら木造の耐用年数である22～35年の融資を引くことができます。利回りが8％ほどあれば、十分ＦＩＲＥ可能な物件を組成することができるでしょう。

なかには30年以上で貸してくれる金融機関もあり、その場合は利回りが8％あれば、多くのキャッシュフローを生み出す物件に仕立て上げることができます。

これが、わたしのおすすめする「地方の新築1棟マンション投資」です。

ただ、現在は完全に不況から脱したわけではなく、少子高齢化も進んでいるご時世なので、「建てれば勝つ」というわけではありません。

コストを抑えて土地を確保しつつ、高い品質の建物を建てる必要があることは、覚えておきましょう。

試行錯誤しながら組成した物件が、成果をあげ続けている

実際に、わたしがお客様に販売した中古ＲＣのＦＩＲＥ物件と、わたしが手がけた新築木造の物件の事業収支を比較したところ、なんと新築のほうがよかったのです。自らの検証に基づき、これは間違いなくＦＩＲＥ物件で打ち出せる、という確証のもと、お客様へ提案し、成果をあげ続けています。

念のため繰り返しますが、わたしは研究者ではないので、すべての物件を検証したり、統計をくまなく見たりしたわけではありません。

あくまでもわたしの成功例なので、例外があって然るべきですが、手がけた物件はうまく回っている、ととらえてください。

「新築木造物件」がおすすめの理由

ポイント 木造なら建築費を低く抑えられる

ポイント 新築なら22～35年の融資を引くことができる

ポイント 利回りが8%ほどあれば、十分FIRE可能な物件を組成することができる

懸念事項

どこにでもあるような物件では、いずれ家賃が下がっていくので、広さや間取り、仕様、駐車場完備などの質の高さが求められる

コストを抑えて土地を確保しつつ、高い品質の建物を建てることが大事

２０１０年代前半のＦＩＲＥ物件

現在は通用しなくなった「地方の中古１棟」

現在のＦＩＲＥ物件をご紹介する前に、２０１０年代前半のＦＩＲＥ物件を説明します。そのほうが、現在のＦＩＲＥ物件の理解が深まるでしょう。

２０１０年代前半のＦＩＲＥ物件は、「地方の中古１棟」でした。当時は、積算価格（土地・建物それぞれの現在の価格を計算し、その２つを合計した評価額）の高いＲＣ物件を狙って買うことでＦＩＲＥできる、という手法があったのです。

図の通り、たとえば自己資金１０００万円、融資９０００万円の１億円で買った地方の中古ＲＣ１棟マンションが、銀行による積算評価によって１億２０００万円の評価になることは、この時期にはよくありました。

これをＢ／Ｓに引き直すと、資産合計が1億２０００万円、借入金が９０００万円で、純資産は３０００万円です。つまり、自己資金１０００万円しか持っていなかったのに、投資物件の購入によって純資産が２０００万円増えたことになります。

積算評価によって属性を上げて物件を買い増すのが当時のからくり

２０１０年代の前半、地方のＲＣ中古1棟収益物件にはほぼ買い手がつきませんでした。積算評価よりも実際の売買価格のほうが安かったのです。

ちなみに、この積算評価は、銀行の基本的な物件評価のベースになっています。

そして、次の物件を買うためにまた銀行へ審査を依頼すると、銀行は積算評価によって、「1億２０００万円の物件を持ち、純資産が３０００万円ある人」という評価をするのです。物件を買って積算評価によって属性を上げて、その信用力で物件を買い増すことで、ＦＩＲＥを達成する。これが、当時のＦＩＲＥのからくりでした。

ここに目をつけた多くのサラリーマンが、このメソッドに殺到したのです。

このスキームを簡単に説明すると、次の通りとなります。

・1棟目を1億円で購入→銀行評価が1億2000万円で、3000万円の純資産

・1億2000万円の9割（9600万円）＋自己資金400万円で、1億円の2棟目を購入

・家賃収入1000万円（利回り10％）から返済額500万円、諸経費を差し引いたキャッシュフローが200〜300万円

このように、1億円あたり200〜300万円のキャッシュフローを確保できる物件が、FIREの考え方だったのです。**1億円の物件に対して200〜300万円のキャッシュフローが確保できる「キャッシュフロー利回り2〜3％」が、優良物件の条件のひとつ**です。この考え方は、現在も変わらない普遍的なものです。

年2〜3％のキャッシュフロー利回りを実現する方法を発見

ところが、この中古RC1棟ものを活用した不動産FIREは、7〜8年ほど前か

ら通用しなくなりました。

ある銀行が中心となって融資を推進したことで、地方のＲＣ物件をサラリーマンが購入するムーブメントが起きたのですが、その銀行が事件を起こしたことや供給物件が少なくなったこと、築年数が進んで潤沢なキャッシュフローが生まれるだけの期間の借入ができなくなってしまったことから、このメソッドは姿を消しました。


わたしも当時、このような物件をお客様に紹介していました。あるサラリーマンの方は、わたしの仲介で買ってもらったことによって年収が６００万円プラス、Ｂ／Ｓの純資産は３０００万円がプラスになったのです。

とくに事業を成功させたわけでもなければスキルを身につけたわけでもなく、買うだけで勝つ方法があると知ったのは、非常に衝撃的な体験でした。

この方法は現在では通用しませんが、すでにお伝えした通り、年２％のキャッシュフロー利回りを得る考えは普遍的なものです。

どうすれば現在の物件でＦＩＲＥを達成できるのかずっと試行錯誤しましたが、その結果できたのが、このあとご紹介する実例です。

10年前のFIRE実現物件

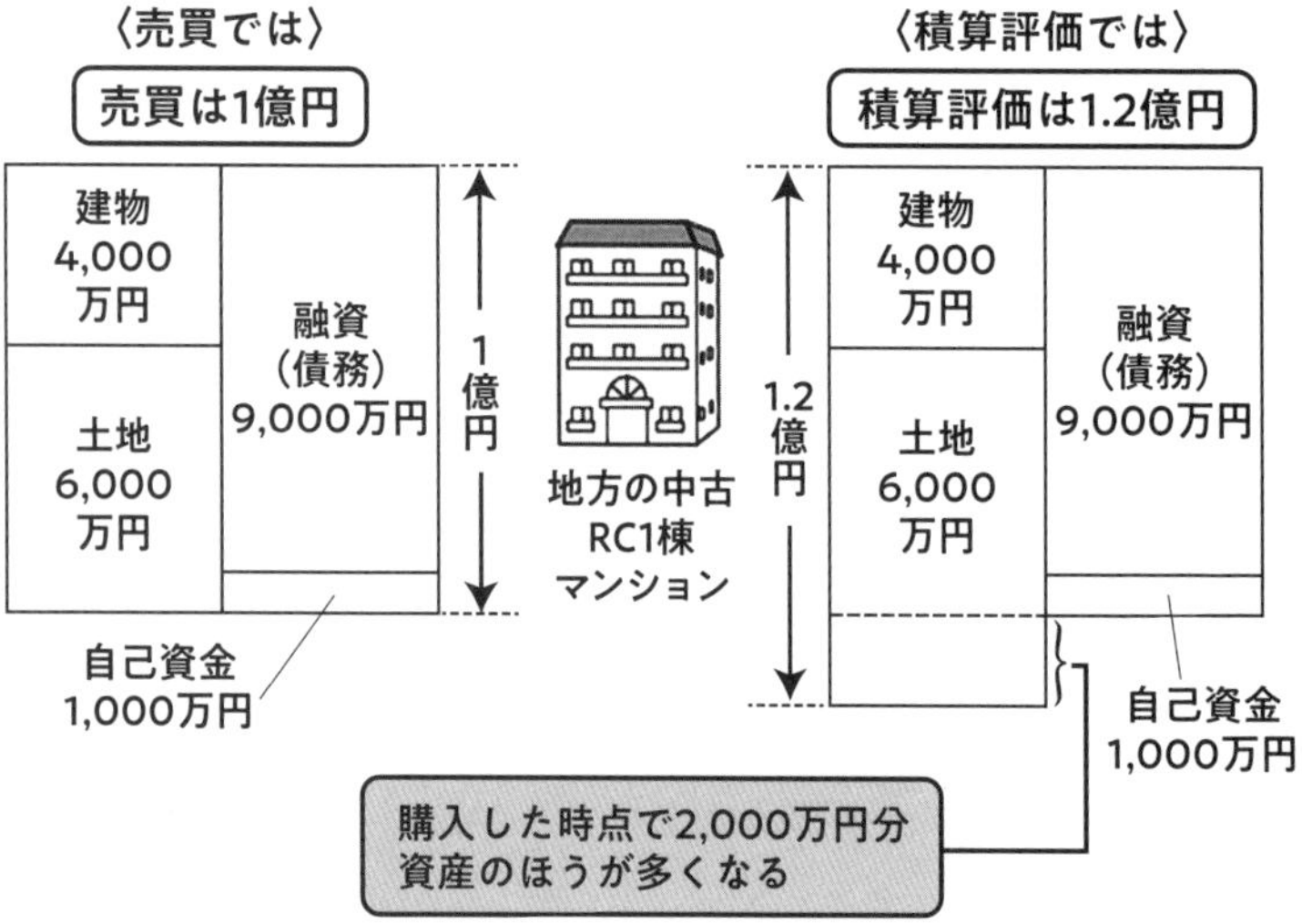
〈売買では〉
売買は1億円
建物
4,000
万円
土地
6,000
万円
融資
（債務）
9,000万円
1
億
円
自己資金
1,000万円
地方の中古
RC1棟
マンション
〈積算評価では〉
積算評価は1.2億円
建物
4,000
万円
土地
6,000
万円
融資
（債務）
9,000万円
1.2
億
円
自己資金
1,000万円
購入した時点で2,000万円分
資産のほうが多くなる

実例１

ある地方の中核都市の、利回り８・45％の物件

最初は、ある地方の中核都市の、利回り８・45％の物件です。

５年前に新築し、物件価格は６５００万円、融資額が５８００万円でした。

インカムが月45万９０００円で、返済は月の日数によって前後しますが、約21万円です。**管理費を引いたキャッシュフローは22万円ほど、年間に直せば２５０万円ほどのキャッシュフロー**が出るのです。

自己資金が７００万円で、年２５０万円のキャッシュフローが出るということは、

3年間で自己資金を回収し、その後は毎月20万円の給料が出てくるイメージになります。借入は地方銀行のプロパーローンです。

1・2%という利率は、いいほうなのではないでしょうか。

〈いまどきのFIRE実現物件1〉

地方都市	
平成30年　新築	
購入価格	6500万円
融資額	5800万円
インカム	45万9000円/月
返済	21万円/月程度
キャッシュフロー	22万円/月程度
利回り	8・45%
金利	1・2%　30年

実例2

昨年新築した賃料利回りは8%台の物件

2番目は、昨年新築した物件です。最初の物件と同様、賃料利回りは8%台になっています。

8000万円台の物件価格全額を融資で賄いました。

60万円相当の家賃収入が毎月入ってきて、返済は現在毎月34万円なので、**管理費を引いた残りが毎月約23万円のキャッシュフロー**となっています。

2本の融資のうち1本は15年で完済するので、16年目からの返済額は21万円だけになり、キャッシュフローが約35万円になる見込みです。

〈いまどきのＦＩＲＥ実現物件２〉

地方都市　８１７０万円
令和４年　新築
購入価格　８１７０万円
融資額　59万１０００円／月
インカム　34万円／月程度
返済　23万円／月程度
キャッシュフロー　８・68％
利回り　１・６％　35年
金利

実例３

借入金利は高いが賃料利回りも高い物件

３番目は今年新築した、少し小さめの物件です。

物件価格が６０００万円台、融資額が５２００万円でした。

借入金利は２・５％と少し高く、20年返済なのですが、それでも管理費を差し引いた毎月のキャッシュフローは、20万円ほど出ています。

高い賃料利回りを得られていることが、キャッシュフローに貢献している物件と言えます。

〈いまどきのＦＩＲＥ実現物件３〉

地方都市	
令和５年　新築	
購入価格	６４６０万円
融資額	５２００万円
インカム	54万２０００円／月
返済	32万円／月程度
キャッシュフロー	20万円／月程度
利回り	10・07％
金利	２・５％　20年

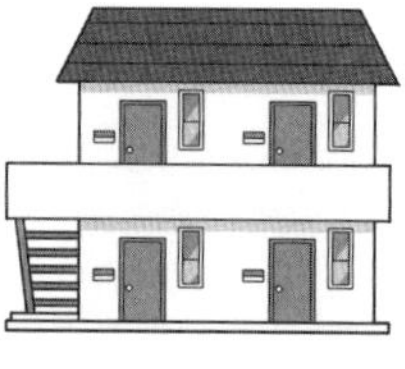

実例４

短い借入期間だが年２００万円のキャッシュフローが出ている物件

本書で最後にご紹介する物件も、令和５年の新築です。こちらも物件価格が６０００万円台、融資額が５３００万円で、インカムが約46万円、返済が26万円でキャッシュフローは18万円です。借入金利は２・５％と高めで期間も22年と短めですが、年間２００万円のキャッシュフローが出るところがポイントでしょう。

このように、わたしがおすすめしているのは６０００〜９０００万円ほどの、１億円は超えない物件でＦＩＲＥしていくことです。

売りやすさのために、１億円以下の物件を増やすのがいいのではないでしょうか。

１棟買うごとに月のキャッシュフローは20万円ほど増えるので、３棟持つことができれば50～60万円のキャッシュフローが得られます。

これだけのキャッシュフローが入れば、セミＦＩＲＥという状態になるでしょう。急な病気で働けない時期があっても、安心して過ごせる状況がつくれます。

〈いまどきのＦＩＲＥ実現物件４〉

地方都市	
令和５年　新築	
購入価格	６４８０万円
融資額	５３００万円
インカム	46万１０００円／月
返済	26万円／月程度
キャッシュフロー	18万円／月程度
利回り	８・53％
金利	２・５％　20年

ＦＩＲＥ物件をシミュレーションで見る

不動産会社のシミュレーションは有効でないものが多い

ここまで4つの物件をダイジェストでご紹介しましたが、実際に大切なのは、事業計画ではないでしょうか。

図の「事業計画表」をご覧ください。これは、もちろん実際の案件のものです。同じようなシミュレーションは不動産会社でも出しているのですが、単に「家賃収入はいくら、返済がいくら、その結果キャッシュフローはこれだけ」という収支だけを出しているのがほとんどで、あまり有効なシミュレーションにはなっていないように感じます。

キャッシュフローを正確にシミュレーションしよう

図のシミュレーションを、順番に説明します。

まず、年553万円の家賃収入から減価償却費や支払利息、保険料などを合わせた経費の379万円を差し引いて174万円の税引前利益を計算し、税額を算出します。税率は、仮に30%としました。

そして、税引前利益から税金を引いた135万7000円の税引後利益に、減価償却の戻金を、キャッシュアウトしない経費ということで入れ込みます。

さらに火災保険なども加味して、378万円というキャッシュベースの収入がここで出てくるわけです。

なおかつ、借入金の元本返済分も考慮しなければなりません。利息はすでに68万7000円を計上していますが、経費としてあらわれない元金部分の161万6000円を、先ほどのキャッシュベースの収入から差し引きます。

ここまで計算することで、余剰金、すなわち本来の手残りが算出できるのです。

ＦＩＲＥするにはこの手残りをいかに増やすかが非常に大切なので、不動産投資に取り組むなら、この点まで考慮しましょう。

実際、ここまで考えずに不動産投資を行っている人も多いのではないでしょうか。

これは、経営をしてみなければ重要性が実感できないところです。

ほかには、元の借入金５８００万円に対して１６１万６０００円の元金返済があったので、１年後の借入金残高は５６３８万４０００円になります。

２１６万円の余剰金と元金返済分を合わせた約３７８万円が投下資本回収額（累計）で、それを投下した資本、つまり購入代金で割った投下資本回収率が６・５％、というシミュレーションです。このシミュレーションによれば、10年で約7割、そして14～15年で１００％回収可能となります。

つまり、余剰金すべてを返済に充ててしまえば、30年の融資を15年で完済することができる計算となります。

また、余剰金の累計が5年後には１１００万円になるので、自己資金で１０００万円を投下しても、5年経てばお財布部分の回収が終わるのです。

一歩踏み出さないことによる損失は大きい

このシミュレーションの内容を理解すれば、先々得られるものがわかるので、この不動産投資を行わない損失、つまり逸失利益が自覚できるのではないでしょうか。

たしかに**一歩踏み出すのは怖いことですが、踏み出さないリスク、つまり本来得られるものが得られない損失を知ることも大切**です。

なお、このシミュレーションによれば、将来どれくらいのキャピタルゲインを得られるかもわかります。仮に10年後に5000万円で売れたとしたら、残債が4000万円なので1000万円のキャピタルゲイン、そこに余剰金の累計約2000万円を加えて、3000万円が得られるのです。

このような物件を3棟持てれば、まさにセミFIREの状態です。

ぜひ、3棟まで拡げましょう。

事業計画表

	項目	備考	1	2	3	4	5	6	7	8	9	10
収	1 賃料	入居100%	5,530	5,530	5,530	5,530	5,530	5,530	5,530	5,530	5,530	5,530
	2 収入合計		5,530	5,530	5,530	5,530	5,530	5,530	5,530	5,530	5,530	5,530
経費	3 土地建物固定資産税	評価額 53000千円	154	154	154	308	308	299	299	299	299	299
	4 土地建物都市計画税	評価額 58000千円	0	0	0	0	0	0	0	0	0	0
	5 減価償却費1躯体	35,700千円	1,642	1,642	1,642	1,642	1,642	1,642	1,642	1,642	1,642	1,642
	6 減価償却費2設備	15,300千円	704	704	704	704	704	704	704	704	704	704
	7 支払利息		687	668	648	628	608	587	567	546	524	503
	8 火災保険		50	50	50	50	50	50	50	50	50	50
	9 管理費		277	277	277	277	277	277	277	277	277	277
	10 開業費		276	0								
	11 経費合計		3,790	3,494	3,474	3,608	3,588	3,559	3,538	3,517	3,496	3,474
所得課税	12 税引前利益		1,740	2,036	2,056	1,922	1,942	1,971	1,992	2,013	2,034	2,056
	13 税金		383	489	493	461	466	473	478	483	488	493
	14 税引後利益		1,357	1,547	1,562	1,460	1,476	1,498	1,514	1,530	1,546	1,562
資金収入	14 税引後利益		1,357	1,547	1,562	1,460	1,476	1,498	1,514	1,530	1,546	1,562
	5 減価償却費1の戻金		1,642	1,642	1,642	1,642	1,642	1,642	1,642	1,642	1,642	1,642
	6 減価償却費2の戻金		704	704	704	704	704	704	704	704	704	704
	8 火災保険		-200	50	50	50	50	-200	50	50	50	50
	12 開業費分借入		276	0	0	0	0	0	0	0	0	0
	15 収入合計		3,780	3,943	3,958	3,856	3,872	3,644	3,910	3,926	3,942	3,958
支出	16 元金返済額	借入金	1,616	1,635	1,655	1,675	1,695	1,716	1,737	1,758	1,779	1,800
	17 支出合計		1,616	1,635	1,655	1,675	1,695	1,716	1,737	1,758	1,779	1,800
余剰金	18 余剰金		2,164	2,308	2,303	2,181	2,176	1,928	2,173	2,168	2,163	2,158
	19 余剰金累計		2,164	4,471	6,774	8,956	11,132	13,060	15,234	17,402	19,566	21,724
投下資本	20 借入残高		56,384	54,749	53,093	51,418	49,723	48,007	46,270	44,513	42,734	40,934
	21 投下資本回収累計	16+18の累計	3,780	7,723	11,681	15,538	19,409	23,054	26,964	30,890	34,832	38,790
	22 投下資本回収率	21/借入金	6.52%	13.32%	20.14%	26.79%	33.46%	39.75%	46.49%	53.26%	60.05%	66.88%

シミュレーションのポイント
キャッシュフローを正確に把握しよう

税額の計算

家賃収入（売上）－経費（減価償却費含む）×税率
＝税額

キャッシュフローの計算

税引後利益＋減価償却費－元本返済分

キャッシュフロー算出のポイント

①現金支出をともなわない
減価償却費の戻入

②経費にならない出費である
借入元本返済分の差引

終章

FIRE物件購入者の喜びの声

体験談1　30代男性

新羅さんのコンサルティングの感想

現在わたしが保有する5棟の賃貸アパートのうち、3棟は新羅さんのご紹介によるものです。

いずれも地方の物件ですが、きちんと入居者が見込める立地・規模のアパートをご紹介いただきました。実際にいずれの物件も、現在満室で経営できています。

新羅さんは、「都心部や人口の多い都市にあるから安心」などと考えているのではなく、それぞれ都市の特徴を見極め、需要と供給を分析し、長期にわたって経営することのできる物件を紹介されているように思えます。

新羅さんの考え方として感じるのは、**短期的な儲けではなく、長期的なスパンで純資産をいかに増加させていくか**を重視していることです。

安定的な経営ができる物件と、魅力的な金融機関の融資条件をマッチングして提案してもらえるので、イールドギャップを十分に確保することができ、結果として純資産は順調に増加しています。

新羅さんご本人の投資も、新羅さんのコンサルティングを受けたほかの人たちも、同じ状況でしょう。また、物件購入後もとても頼りにさせてもらっています。とくに業者の手配や保険関係でわからないことが多く、いつも信頼できる相談相手がいることで深く安心できます。自信があるからこそ、物件を売って終わりではなく、多くの人たちと長期的な関係を築いているのだと思います。

いますぐお金持ちになりたい人、流行りの投資法に乗りたい人は、新羅さんの考え方とは合わないかもしれません。レバレッジをかけつつも中長期的に時間をかけながら負債を減らし、純資産を厚くして、ある程度のフェーズになったら資金を回収して次なるチャンスを伺って経済的自由を目指す。

このようなステップを新羅さんご本人も実践していますし、わたしにもその道を開いてもらえたことに、心から感謝しています。

不動産投資ビフォーアフター

わたしが新羅さんのご紹介で1棟アパートをはじめて購入したのは、2017年2月頃です。当時のわたしは20代後半で、年収も400万円程度の、どこにでもいる若手サラリーマンでした。

新卒で不動産関連の会社に入ったこともあり、不動産投資に興味を持っていたわたしは、新羅さんから1棟アパートを購入する前の2016年、自分で問い合わせた不動産業者から築浅区分マンションを購入していました。

ところが、立地はよかったものの利回りが非常に低く（＝つまり価格が高く）、ローンの金利も高かったため、ほとんど手残りのない投資となっていました。

残債の減りが遅いため、純資産もほとんど増えることがなく、1ヵ月間でも空室になれば年間のキャッシュフローが飛んでしまうような、極めて危険な物件を買ってしまっていたのです。このことに購入後に気づいたわたしは、「これではまずい」と感じ始めていました。そんな折、知人の紹介で知り合ったのが新羅さんです。

新羅さんのご紹介で優良な1棟目のアパートを購入できたわたしは、現在では5棟・50戸の不動産投資家となっています。

毎月のキャッシュフローは50万円を超え、生活に十分なゆとりを持つことができました。物件管理は基本的に管理会社に任せているので、とくに対応することはありません。

不動産投資を行ったあとは、キャッシュフローや純資産の増加によって生活に余裕が出ることで気持ちのゆとりが生まれ、精神的なストレスも大きく軽減されました。必要な出費と判断すれば、迷わずに決断することができますし、物件を保有している間は自分で対応しなければならないことも少ないので、家族との時間も十分とることができます。また、本業にも自信を持って取り組むことができるようになったおかげで、年収は以前の3倍近くまで増やすことができました。

このように、優良な投資用不動産を取得すれば、それが自身を支えてくれ、人生を大きく好転させることにつながります。

体験談2　50代男性

新羅さんのコンサルティングの感想

わたしも不動産に携わっていますが、同業者として新羅さんを見ると、投資家に対して個別・具体的に不動産投資を提案する姿勢が素晴らしいと感じます。

たとえば、ハイクラス層の人には高めのステージを用意し、金融機関の不動産評価に見合った大きめの物件を提案することがあれば、そうでない人には別の投資法を提案することもあります。提案のレンジの広さは、これからのコンサルタントに必要な資質ではないでしょうか。

不動産コンサルタントのなかには、ご自身が経験した投資手法をメインにコンサルティングを行う人もいますが、そのような人はレンジが狭く、その人に合わない手法を押しつけてしまう可能性があります。

でも新羅さんは、提案レンジを広くとることでその可能性を小さくし、投資手法のマッチングが得られやすくなることを留意しているように感じます。

不動産投資ビフォーアフター

ご紹介物件を買う前は、投資家としての自身（資産管理法人）について、経緯や実績に基づく「現在地」を正しく認識しつつ、念頭に置いていました。でも、

・昨今の資産管理法人に対する融資情勢から見て、多額の金融資産・自己資金を要求してくる金融機関、および中古1棟収益物件では購入は難しい

・築古戸建てや中古区分ワンルームマンションなどの投資拡大戦術では、物件の質から見て、今後の賃貸ニーズの変化に長期間適応できない

・首都圏での新築マンション・新築アパート建築を検証したが、土地値が高額である

ことが影響して、収益力を高めようとすれば単身者向けの間取りプラン中心にせざるを得ない。すでに単身者向け物件は市場に大量供給されていて、空室も目立ち始め、取得後の消耗戦が予想される

このような分析・判断を行った結果、不動産賃貸業の規模拡大には難しい時節となったのでは、と考えていました。

ところが、別の角度からの提案**「地方中枢中核都市・新築ファミリータイプ高品質アパート建築」**は、すんなりと検証することができました。

新羅さんから提案された地域は、人口や産業などを総合的に検証した結果、賃貸ニーズがあり、首都圏と比べ高い収益力を得られると判断できたのです。

物件は現在建築中ですが、十分なエリアマーケティングを行い、納得のうえで進めているので、とても満足しています。建設会社との関係性が濃密になってきており、建築途中の現場も把握できているので不安はありません。

でも、新築物件はスタートが重要です。竣工直後から早めに満室稼働に持っていく必要があるので、入居者募集には注力していきます。

体験談3　40代女性

新羅さんのコンサルティングの感想

わたしは専業主婦でしたが、「何か新しいことを始めてみたら？」と新羅さんに勧められたことがきっかけで会社を設立し、レンタルスペースオーナーと管理代行の運営をしています。

ここ数年はコロナの影響がありましたが、無事に3年目を迎え、安定した売上を達成することができ、起業してよかったなと日々感謝しています。

その経験を活かし、ご紹介いただいた某地方都市の新築1棟に挑戦しましたが、まだ実績も浅く、力不足ということもあり断念。でも諦めることができず、両親や夫、親戚にも協力してもらい再度挑戦しました。

夫の名義ではありますが、無事に新築1棟を購入することができたのは、新羅さんの熱いアドバイスと、紹介いただいた信頼のおける業者の皆さんのおかげです。

新羅さんからご提案いただいたアパートは、**外観、内装ともに高級感のあるデザインで感動し、信頼できる管理体制にも魅力を感じているので、人気物件になること**間違いなしと思っています。

「新羅さんの目利きは本物だ！」と、日々感心しています。

本当にありがとうございました。

おわりに
――ＦＩＲＥやセミＦＩＲＥで、自分らしく生きよう！

最後までお読みいただき、ありがとうございました。

不動産投資を通じてＦＩＲＥが達成できるイメージを、少しでも感じていただけたでしょうか？

わたしが不動産投資の世界に入ってもっとも衝撃を受けたのは、融資に加え、財務的なこと、税制に関することなどの、お金の回り方やしくみがわかるようになったことです。

これは、雇用されて給料をもらっているだけの生活では絶対にわからないことでした。

わたし自身が金融機関から融資を受けて、不動産から賃料収入を得る「経営」の世界に入ったことで、はじめて経済のしくみや世の中のことが腑に落ちたように感じたのです。

大学を卒業し、社会人になって30年ほど経ちますが、ずっと不景気で給料もまったく上がらない、厳しい世代を生きてきました。わたしが長年関わった不動産業界も厳しく、ただ雇われていただけならかなり厳しい立場に置かれていたでしょう。

ところが、不動産投資を始めたところ、どんどんお金が増えていったのです。融資という信用創造のしくみを活用し、需要があるところへ流し込んだお金が土地と建物という資産となって、賃料が生み出されるという、誰もがハッピーになれる世界がこの世にはあるのです。

限られたパイを奪い合う損得の世界ではなく、「無」からお金が生まれ、経済が回っていく、誰も損をしない世界です。

「失われた30年」と呼ばれる不景気のなか、経済格差が生まれ、さまざまなところで歪みに苦しんでいる人も多いのではないでしょうか。

そんな世の中では、嫉妬や足の引っ張り合いが起こりかねません。もっとお金が回るようになれば、さまざまな問題が緩和されていくはずです。

わたしが理想とするのは、そんな世界です。

不動産に限らず、少なくともセミＦＩＲＥレベルの不労所得を誰もが得られる世の中になれば、ギスギスせず、もっと楽な、人間的な生活ができるのではないでしょうか。

本書を通じて不動産投資に興味を持った方々が、ＦＩＲＥやセミＦＩＲＥできるだけのキャッシュフローを得て、ますます自分らしく活躍していくことを、心から願っています。

2024年5月　新羅裕一

【著者紹介】

新羅 裕一（にら・ゆういち）

株式会社ランドローズ代表

不動産仲介、投資物件の管理業務、土地活用のコンサルティングなど、不動産に関するほぼすべての業務を経験。

自らもサラリーマンとして勤めながら、40歳超で不動産投資を開始し、株式会社ランドローズを立ち上げる。

その後３棟の賃貸マンションを所有するなかで、これからの時代に成功する「エース物件」の鉄則を確立。

サラリーマン層を中心に、一人ひとりに対して無理なく最適な投資アドバイスを提供中。

時流や金融機関の融資傾向、不動産賃貸ニーズなどを常に研究しながら、コツコツ着実にFIREへ導く姿勢が、顧客から絶大な信頼を得ている。


年収500万円からのFIRE 不動産投資 〈検印省略〉

2024年5月17日 第1刷発行

著 者―― 新羅 裕一（にら・ゆういち）

発行者―― 小石 彩夫

発行所―― さきの出版

〒163-0635 東京都新宿区西新宿1-25-1 新宿センタービル35階
電 話 03（3343）6055
URL https://sakino-pub.jp/
E-mail info@sakino-pub.jp

発 売―― サンクチュアリ出版

〒113-0023 東京都文京区向丘2-14-9
電 話 03（5834）2507 ／ FAX 03（5834）2508
URL https://www.sanctuarybooks.jp/
E-mail info@sanctuarybooks.jp

印刷・製本 株式会社シナノパブリッシングプレス
装丁 谷元将泰（谷元デザイン事務所）
本文デザイン・DTP 宮島和幸（KM-Factory）
企画・構成・編集 星野友絵・牧内大助（silas consulting）
図版 小齋希美（silas consulting）

 ISBN 978-4-8014-8551-8 C0034